Julia Lerch, Yvonne Müller, Christine Sußmann,
Sonja Stadler

Lernwerkstatt
Auge, Ohr & Co.

Edition MoPÄd

Die Autoren:
Julia Lerch, Yvonne Müller, Christine Sußmann und Sonja Stadler sind erfahrene Grundschullehrerinnen.

Gedruckt auf umweltbewusst gefertigtem, chlorfrei gebleichtem und alterungsbeständigem Papier.

Nach den seit 2006 amtlich gültigen Regelungen der Rechtschreibung.

1. Auflage 2010

2. Auflage 2012

Illustrationen: Claudia Bauer – Pinselstrich & Farbenspiel
Satz: Satzpunkt Ursula Ewert GmbH, Bayreuth

ISBN 978-3-8344-0357-5

www.persen.de

Inhaltsverzeichnis

Vorwort

Liebe Kolleginnen und Kollegen,

Sie haben die **Nase** voll von lehrerzentriertem Unterricht? Sie möchten **sehen**, dass Ihre Kinder mehr können als nur **zuhören**? Sie möchten miterleben, wie Ihre Kinder die Inhalte selbstständig **erfassen** und damit ihre Persönlichkeit weiterentwickeln? Dann bringt dieses Buch Sie auf den richtigen **Geschmack**!

Wie setzen Sie dieses Buch im Unterricht ein?

Dieses Buch eröffnet Ihnen vielfältige Möglichkeiten, Ihren Unterricht methodisch-didaktisch zu bereichern. Den individuellen Bedürfnissen entsprechend, kann es wie folgt eingesetzt werden:

- **Als Werkstattunterricht:** Sie finden hier zu den fünf Sinnen in sich abgeschlossene Lernwerkstätten, welche Sie entweder als Gesamtwerkstatt oder als Einzelwerkstätten durchführen können.
- **Als Stationenbetrieb:** Dieses Buch ist so konzipiert, dass Sie jederzeit auch Materialien zu einzelnen Inhalten bzw. Stationen entnehmen können.
- **Als Einzelstunden:** Arbeitsblätter, einzelne Versuche oder fächerübergreifende Ideen können weiterhin im Unterricht oder in anderen freien Arbeitsformen, wie z. B. Wochenplan oder Freiarbeit verwendet werden.

Wir wünschen Ihnen und Ihren Schülern viel Freude und gutes Gelingen beim kreativen Arbeiten mit diesem Buch.

Ihre Autorinnen

Julia Lerch, Yvonne Müller, Christine Sußmann und Sonja Stadler

Einführung

Werkstattunterricht – Was bietet er?

Sehen Sie den Werkstattunterricht als Lernangebot für Ihre Schüler. Er ermöglicht Ihnen den selbstständigen Zugang und Umgang mit den Inhalten.
Dadurch werden nicht nur die Leistungsbereitschaft und Motivation, sondern auch selbstbestimmtes Lernen und Kontrollieren gefördert.

Da die Aufgaben sowohl in Einzel- und Partnerarbeit als auch in Gruppenarbeit selbständig gewählt, erarbeitet und kontrolliert werden, ergibt sich eine optimale Förderung der Handlungs-, Sach- und Sozialkompetenz. Gegenseitige Hilfestellungen sowie individuelle Entscheidungen über Arbeitstempo und Reihenfolge lassen die Schüler ihre eigene Leistungs- und Lernfähigkeit erproben und erfahren. Durch die differenzierte Aufarbeitung der Werkstatt werden die unterschiedlichen Lerntypen angesprochen. Der einzelne Schüler ist zudem Gestalter seines eigenen Lernwegs. Werkstattunterricht bietet somit zahlreiche Angebote für Ihre Schüler, vernetztes Denken anzubahnen und weiterzuentwickeln.

Schrecken Sie bitte nicht vor der anfänglich arbeitsintensiven Vorbereitung des Werkstattunterrichts zurück! Sie zahlt sich am Ende aus. Unsere Erfahrungen haben gezeigt, dass

- die Sequenzvorbereitung wegfällt.
- Sie keine Einzelstunden konzipieren müssen.
- Sie während der Durchführung der Werkstatt Zeit für intensive Schülerbeobachtungen haben.
- Sie einzelne Schüler individuell betreuen und beraten können.

Die Rolle des Lehrers ändert sich daher. Sie fungieren im Werkstattunterricht hauptsächlich als Initiator, Moderator und Ansprechpartner.

Werkstatt „Auge, Ohr & Co." – Wie ist sie aufgebaut?

Schwerpunktmäßig bietet sich diese Werkstatt für die Jahrgangsstufen 3 und 4 an, in Auszügen auch für die Jahrgangsstufen 1 und 2.

Sie setzt sich aus insgesamt fünf Teilbereichen zusammen:

- Auge – Sehsinn
- Ohr – Hörsinn
- Nase – Geruchssinn
- Zunge – Geschmackssinn
- Haut – Tastsinn

Alle Einzelbereiche bestehen aus Pflicht- und Wahlstationen. In den Pflichtstationen wird das grundlegende Wissen zu jedem Inhalt gesichert. Daher sollten diese von jedem Schüler bearbeitet werden. Die Wahlstationen ergänzen darüber hinaus durch fächerübergreifende Angebote.

Folgende Symbole helfen Ihnen und Ihren Schülern bei der Orientierung:

Pflichtstation

Wahlstation

Einzelarbeit

Partnerarbeit

Hier sollen die Schüler alle Unterstationen aufgrund des inhaltlichen Zusammenhangs als Zyklus durchlaufen.

Werkstatt „Auge, Ohr & Co" – Wie gehen Sie es an?

1. Die Schüler benötigen für die Werkstattarbeit einen Schnellhefter, der mit Namen versehen sein sollte.
2. Für den Werkstattunterricht haben sich Doppelstunden als sinnvoll erwiesen, jedoch kann auch nach dem Einführungstag in 45-Minuten-Einheiten effektiv gearbeitet werden.
3. Bereiten Sie die benötigten Materialien mithilfe der entsprechenden Übersichtspläne vor. Erstellen Sie nun die Materialpakete zu den einzelnen Stationen. Hierzu bieten sich nummerierte Pappkisten an, in denen sich jeweils das gesamte Material für eine Station befindet.

4. Das intensive Bearbeiten der Inhalte erfordert Zeit. Um diese effektiv nutzen zu können, bietet sich ein Werkstattwagen an. So können Sie ein zeitaufwändiges Auf- und Abbauen vermeiden. Auf der Abbildung sehen Sie einen Werkstattwagen. Dieser sollte Platz bieten für sämtliche Materialien und eine Pinnwand enthalten.

5. An der Pinnwand können Sie
   - Verhaltensregeln
   - Werkstattplan – Wer arbeitet wo?
   - Checkliste – Wer hat was bereits bearbeitet?

   anbringen.

   Die Erfahrungen haben gezeigt, dass es sinnvoll ist, vorab mit den Schülern wichtige Verhaltensregeln zu besprechen. Auf der CD finden Sie daher einen Regelkatalog, den Sie für alle Schüler gut sichtbar an der Pinnwand anbringen können.

   Der Werkstattplan zeigt den Schülern das Stationsangebot. Tragen Sie hier Name oder Nummer der Station ein und kennzeichnen Sie jeweils, ob es sich um eine Pflicht- oder Wahlstation und um Einzel- oder Partnerarbeit handelt. Später müssen die Schüler in der rechten Spalte entweder mit Folienstift (wenn der Werkstattplan laminiert ist) oder mit Namensschildern vermerken, an welcher Station sie gerade arbeiten.

   In die Checkliste wird vom Schüler selbst eingetragen, wer welche Station bereits bearbeitet hat. Hier sollten Sie im Vorfeld die Namen Ihrer Schüler, sowie die jeweiligen Namen oder Nummern der Einzelstationen eintragen. Es ist von Vorteil die Checkliste zu vergrößern. Sie ist jederzeit individuell erweiterbar.
6. Sollte Ihnen kein Wagen zur Verfügung stehen, eignen sich
   - ein separater Raum, in dem das Material über den Arbeitszeitraum zur Verfügung steht.
   - Fensterbänke, zusätzliche Tische oder Regale im Klassenzimmer.

   Verhaltensregeln, Werkstattplan und Checkliste sollten auch bei alternativen Formen stets gut sichtbar aufgehängt werden.
7. Gehen Sie am Tag der Einführung folgende Punkte mit den Schülern durch:
   - Inhaltsangebot vorstellen und Einblick in die Materialkisten geben
   - Listen und Schilder an der Pinnwand erklären
   - wichtige Hinweise zum Umgang mit dem Material geben
   - zur eigenständigen Erarbeitung und Selbstkontrolle anhalten
   - Informationen zum Portfolio
   - Bekanntgabe der Rituale/Signale für Beginn und Beendigung der Arbeitsphasen
   - Bekanntgabe der Erststation für jeden Schüler, um ein Durcheinander am Folgetag zu vermeiden.

   Die Schüler werden im Vorfeld viele Fragen haben, die sich im Laufe der Zeit aber selbst klären.
8. Sie können diese beispielsweise in einführenden oder abschließenden Reflexionsphasen aufgreifen und den Schülern dadurch eine Plattform für einen organisatorischen und inhaltlichen Erfahrungsaustausch bieten. Indem die Schüler sich gegenseitig Tipps geben und voneinander profitieren, entwickeln sich sinnvolle Helfersysteme.

Werkstattunterricht – Wie werden die Ergebnisse gesammelt?

Hierzu eignet sich ein Schnellhefter, in dem die Schüler im Verlauf des Werkstattunterrichts ihre individuellen Ergebnisse, Materialien und Arbeitsblätter sammeln können. Diese Sammelmappe legt sowohl dem Schüler als auch dem Lehrer Lernprozess und Lernergebnisse offen dar.

Portfolioarbeit – Wie sieht sie in der Praxis aus?

Im Portfolio sammeln die Kinder die Ergebnisse der Pflicht- und Wahlaufgaben, wie auch selbständig gefundene Zusatzbeiträge. Es ist sinnvoll, den Kindern Zeit zur Überarbeitung ihrer Mappe zu geben, in der sie ergänzen, nochmals kontrollieren und gestalten können.

1. Lassen Sie Ihre Schüler ein Deckblatt zum Thema gestalten. Der Fantasie sind hier keine Grenzen gesetzt.
2. Geben Sie das Inhaltsverzeichnis aus, in welchem später die Inhalte des Portfolios mit Seitenzahlen festgehalten werden.
3. Die Schüler werden nun angehalten, entstandenes Material gemäß Ihren Vorgaben zu sortieren und im Inhaltsverzeichnis zu vermerken.
4. Abschließend händigen Sie Ihren Schülern den Reflexionsbogen aus, in dem sie über ihr Arbeitsverhalten reflektieren.

Die Bewertung durch den Lehrer kann sich zusammensetzen aus:

- Schülerbeobachtungen zu Regeleinhaltung und selbstständigem Arbeiten
- Arbeit mit dem Portfolio nach fachlicher Richtigkeit und Führung der Mappe
- Rückmeldungsbogen für Schüler und Eltern

Hierzu finden sie bei den Kopiervorlagen den benötigten Beobachtungs- und Bewertungsbogen, den Sie auf A3 kopieren sollten sowie den Rückmeldungsbogen. Dieser macht den Eltern die Notengebung transparent. Nach Sichtung der einzelnen Mappen wird dieser ausgefüllt mit dem Portfolio an Eltern und Schüler zurückgegeben.

Vom Leistungsaspekt abgesehen, finden die Schüler im Portfolio ein Erinnerungsstück an ihre Grundschulzeit, auf das sie später stolz zurückblicken können. Kleine Autoren haben eigene Bücher entworfen.

Wichtige Hinweise

Auf der beiliegenden CD finden Sie alle Vorlagen, die für alle Teilbereiche identisch verwendet werden können:

- Verhaltensregeln
- Werkstattplan
- Checkliste
- Inhaltsverzeichnis
- Reflexionsbogen
- Beobachtungs- und Bewertungsbogen
- Rückmeldungsbogen
- Farbige Lösungskarten für einzelne Stationen
- Einzelne Spielvorlagen

Darüber hinaus liegen spezielle Übersichtspläne für die einzelnen Teilbereiche bei, denen Sie Details zur Vorbereitung entnehmen können.

Station 1
Bau des Auges

Das brauchst du:

- Lesetext
- Bleistift und Lineal, durchsichtiges Klebeband
- Modell vom Auge
- Wortkarten „Die Teile des Auges“
- Lösungskarte
- Arbeitsblatt: So ist mein Auge aufgebaut!

Das ist deine Aufgabe:

1. Suche dir einen Partner an dieser Station.
2. Lies den Lesetext allein und unterstreich die einzelnen Teile des Auges.
3. Baut das Modell vorsichtig auseinander.
4. Nehmt nun die Wortkarten aus dem Briefumschlag und legt sie zu den entsprechenden Teilen des Auges.
5. Erklärt euch gegenseitig, wie das Auge aufgebaut ist.
6. Füllt nun das Arbeitsblatt aus.
7. Kontrolliert mit der Lösungskarte.

Auge Station 1 Wortkarten

Hornhaut	Glaskörper	Pupille
Regenbogenhaut oder Iris	Tränenkanal	

Briefumschlag:

Station 1 **Bau des Auges** Wortkarten „Die Teile des Auges“	**Station 1** **Bau des Auges** Wortkarten „Die Teile des Auges“

Wie ist mein Auge aufgebaut?

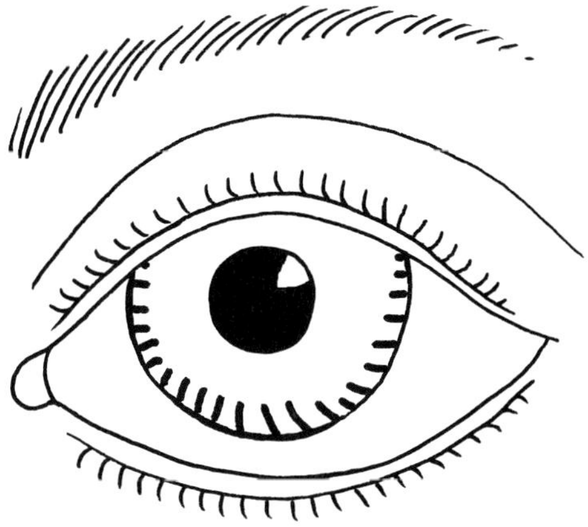

Dein Auge ist ein sehr wichtiges Sinnesorgan, das vieles kann.

Wenn du dein Auge im Spiegel betrachtest, siehst du die äußeren Teile.
Das Auge liegt im Kopf in der Augenhöhle und wird von Muskeln gehalten. Es wird auch *Augapfel* genannt.
Über dem Augapfel befindet sich die *Augenbraue.* Mit dem *Augenlid* kannst du dein Auge verschließen. Daran befinden sich die *Wimpern.*

Aus dem *Tränenkanal* fließt Tränenflüssigkeit, die das Auge befeuchtet. Die oberste Schicht nennt man *Hornhaut.* Diese muss immer feucht bleiben.

Das Licht dringt durch die Pupille in dein Auge. Die *Pupille* ist das Schwarze in der Augenmitte. Den farbigen Ring nennt man *Regenbogenhaut* oder *Iris.*

Damit du sehen kannst, brauchst du noch weitere Teile im Inneren des Auges.

Das Licht trifft auf die *Linse.* Du brauchst die Linse, damit du scharf sehen kannst. Durch den *Glaskörper* leitet sie das Licht weiter an die richtige Stelle im Augenhintergrund.
Dort befindet sich die *Netzhaut.* Alles, was deine Pupille „einfängt“, wird hier auf dem Kopf und verkleinert abgebildet.
Der Sehnerv leitet das Bild an dein Gehirn weiter. Erst im Gehirn siehst du „richtig“.

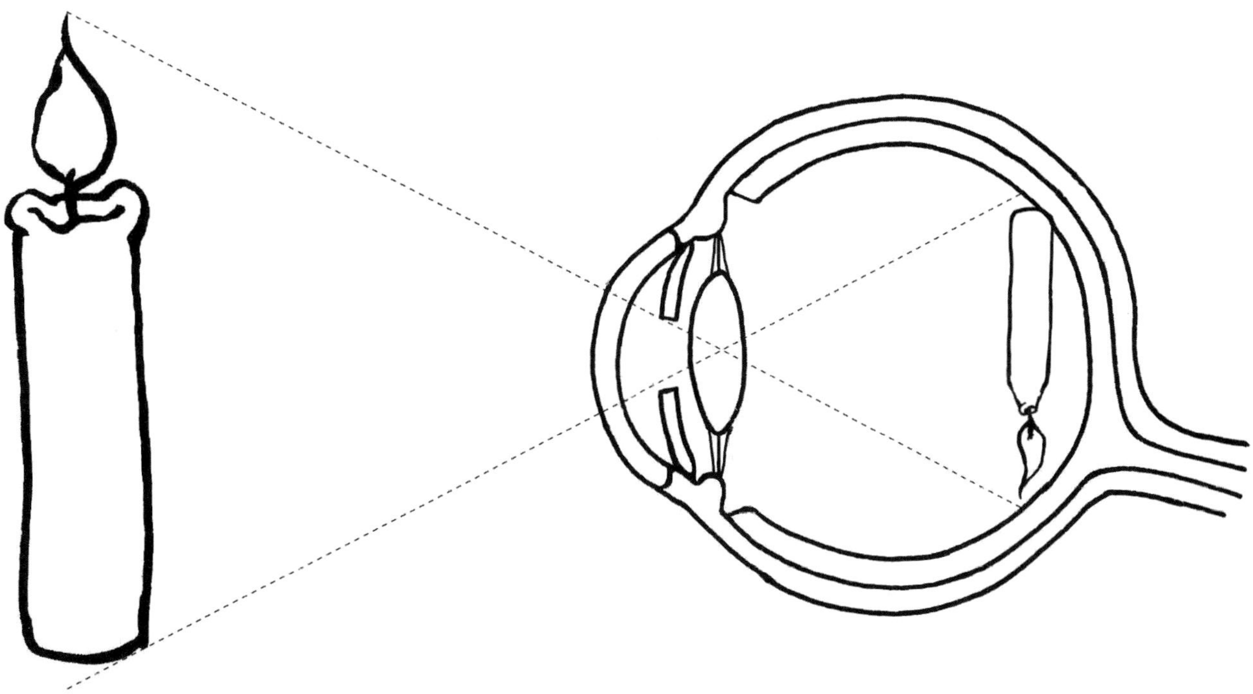

So ist mein Auge aufgebaut!

Du hast den Text genau gelesen, dann kennst du dich sicher gut aus!
Beschrifte die äußeren und inneren Teile des Auges.

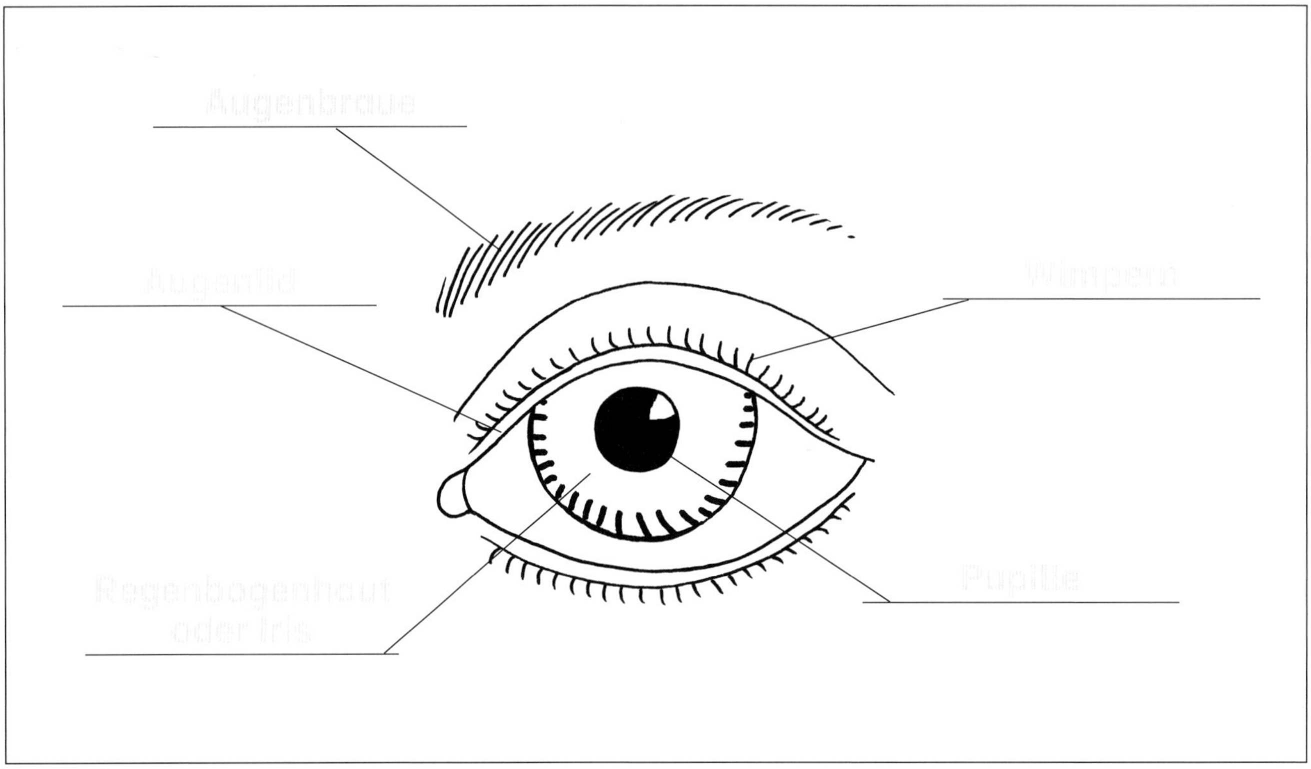

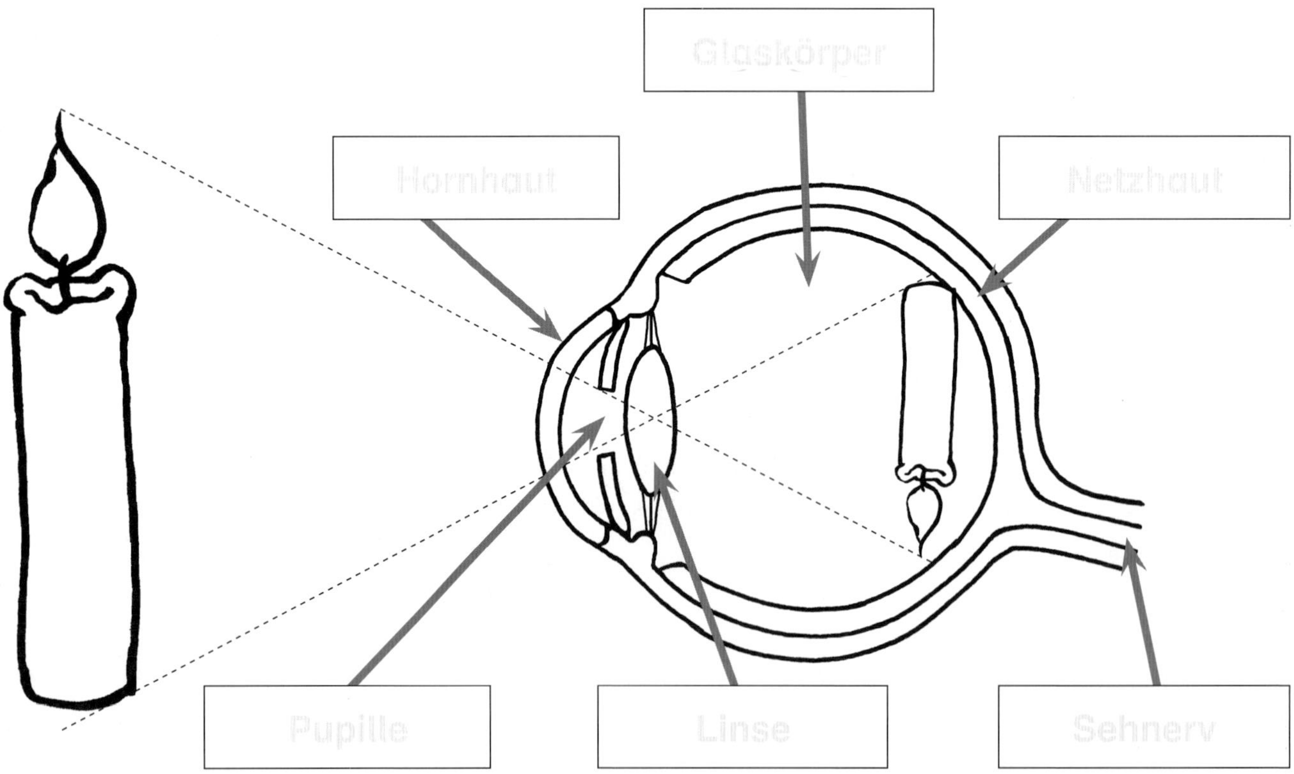

Station 2a
Was können meine Augen?

Das brauchst du:

- Beobachtungsblatt
- Lösungskarte

Das ist deine Aufgabe:

1. Suche dir einen Partner an dieser Station.
2. Spielt das Spiel: Ich sehe was, was du nicht siehst.
   Zum Beispiel: „Ich sehe was, was du nicht siehst, und das ist blau."
3. Jeder darf 3 Rätsel stellen.
4. Füllt nun Beobachtung a) des Beobachtungsblattes aus.

Station 2b
Was können meine Augen?

Das brauchst du:

- Beobachtungsblatt
- Arbeitsblatt
- Lösungskarte

Das ist deine Aufgabe:

1. Hole dir ein Arbeitsblatt.
2. Finde heraus, wie viele Dreiecke, Quadrate, Rechtecke und Kreise in dem Bild enthalten sind. Male sie in der angegebenen Farbe an.
3. Fülle nun Beobachtung b) des Beobachtungsblattes aus.

Lerch/Müller/Suβmann/Stadler: Lernwerkstatt Auge, Ohr & Co.
© Persen Verlag, Buxtehude

Station 2c
Was können meine Augen?

Das brauchst du:

- Beobachtungsblatt
- Bilder zum Ausschneiden
- Klebstoff
- Bleistift
- Lösungskarte
- Infokarte

Das ist deine Aufgabe:

1. Hole dir das Arbeitsblatt mit den 2 Bildern.
2. Schneidet die 2 Bilder aus und klebt sie oben an der Klebelasche aneinander.
3. Rollt das obere Bild mit einem Bleistift ein und bewegt es mit dem Stift auf und ab.
4. Fülle nun Beobachtung c) des Arbeitsblattes aus.
5. Überlege nun selbst, was deine Augen noch können, und fülle das Beobachtungsblatt ganz aus.
6. Kontrolliert mit der Lösungskarte.
7. Lest auf der Infokarte genauer nach.

Auge Station 2c Bilder zum Ausschneiden

Schneide die beiden Bilder aus und klebe sie übereinander. Rolle einen Bleistift so auf, wie du es auf dem Bild siehst. Bewege nun den Bleistift auf und ab.

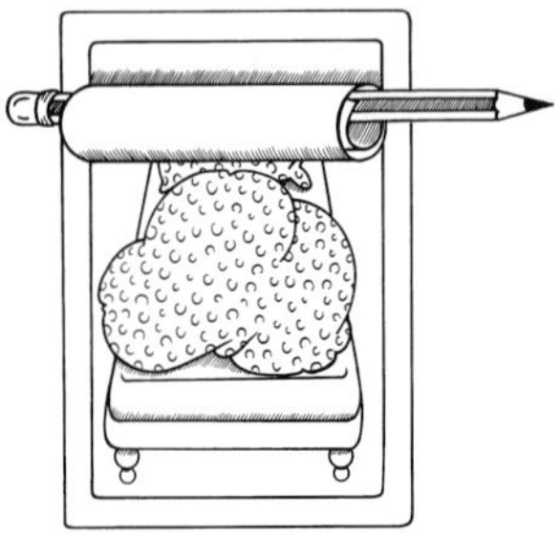

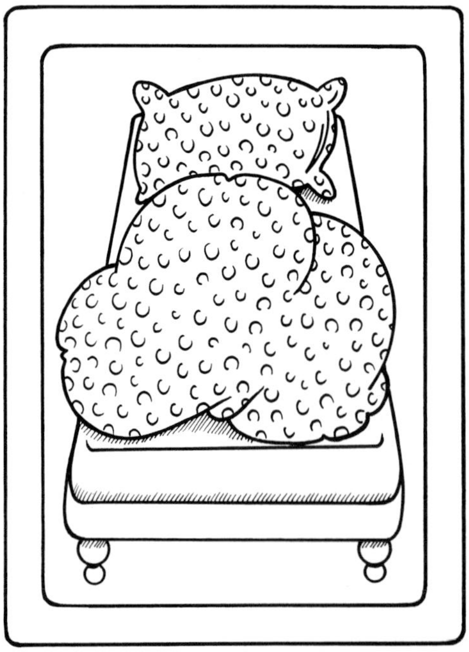

Male alle Dreiecke grün, alle Kreise gelb, alle Quadrate blau und alle Rechtecke orange an.

Das habe ich entdeckt:

___ Kreise　　___ Rechtecke

___ Quadrate　　___ Dreiecke

Was meine Augen alles können

Station 2a)

Das konnte ich bei diesem Spiel erkennen:

____

Meine Augen können ___Farben___ wahrnehmen.

Station 2b)

Das habe ich an dieser Station unterscheiden können:

____

Meine Augen können ___Formen___ wahrnehmen.

Station 2c)

Das habe ich an dieser Station beobachten können:

____

Meine Augen können ___Bewegungen___ wahrnehmen.

Überlege selbst. Was können deine Augen noch?

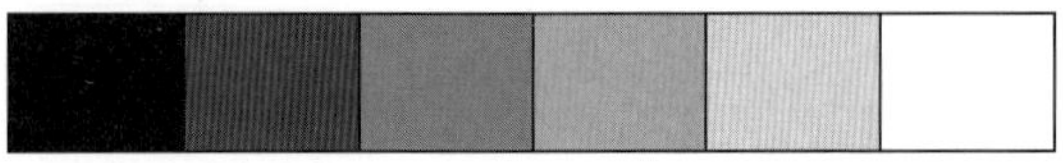

Meine Augen können ___hell___ und ___dunkel___ unterscheiden.

Meine Augen können ___groß___ und ___klein___ unterscheiden.

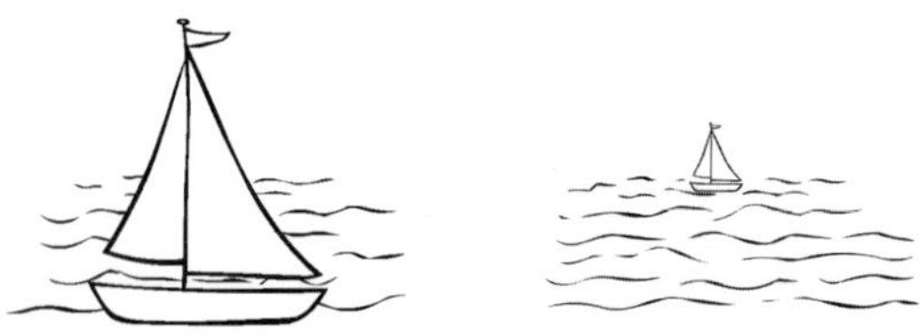

Meine Augen können ___nah___ und ___fern___ unterscheiden.

Setze folgende Begriffe richtig ein:
Formen, Farben, Bewegungen, groß, klein, nah, fern, hell, dunkel

Was können meine Augen?

Farbensehen:
Eigentlich gibt es Farben in der Natur nicht. Unser Gehirn stellt die Farben her. Das Licht fällt auf die **Netzhaut** des Auges und wird im Gehirn zu einer Farbempfindung verarbeitet.

Das Licht kommt über die Pupille in das Auge und gelangt auf eine Schicht von Sinneszellen. Diese Sinneszellen befinden sich auf der Netzhaut.
Es gibt zwei verschiedene Arten von Sinneszellen:

- **Stäbchen:** Sie sind für das Hell-Dunkel-Sehen zuständig.
- **Zapfen:** Sie sind für das Farben-Sehen zuständig.

Was noch interessant ist:
Zapfen und Stäbchen arbeiten immer zusammen. Die Zapfen vermitteln uns die Farben, aber nur, wenn es hell genug ist. Bei sehr guten Bedingungen können wir **10 Millionen Farbtöne** unterscheiden.
Wenn es dunkler wird, arbeiten die Zapfen nicht mehr und senden die Informationen nicht mehr ans Gehirn. Nun arbeiten die Stäbchen allein. Jetzt erkennst du nur noch **Formen, Umrisse und Grautöne**. Du kennst bestimmt das Sprichwort: „Nachts sind alle Katzen grau."

Entfernungen abschätzen:
Es ist sehr wichtig, dass du Entfernungen abschätzen kannst. Denke einmal an den **Sportunterricht**, wenn du einen Ball werfen oder fangen sollst. Nur, weil deine Augen sehen, dass der Ball auf dich zukommt, kannst du richtig reagieren und den Ball fangen.
Die richtige Entfernung abzuschätzen, hilft dir auch im **Straßenverkehr**. Nur so kannst du beim Überqueren einer Straße sicher auf die andere Seite gelangen.

Bewegungen sehen:
Die Bilder, die unser Auge erhält, fließen im Gehirn ineinander über. Deshalb sehen wir keine Einzelbilder, sondern Bewegungen. Bei diesem Versuch erscheint das deshalb sehr ruckartig, weil es nur 2 Bilder waren. Wenn du einen Trickfilm im Fernsehen siehst, laufen in einer Sekunde 25 Bilder ab. Dann siehst du keine einzelnen Bilder, sondern eine Bewegung glatt und flimmerfrei.

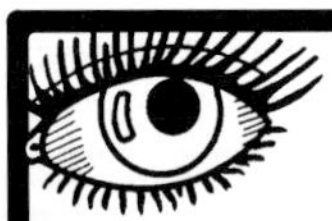

Station 3a
Wie sieht das Auge?

Das brauchst du:

- Arbeitsblatt
- Lösungskarte

Das ist deine Aufgabe:

1. Nimm das Arbeitsblatt zur Hand und lies dir den Text aufmerksam durch.
2. Bearbeite anschließend die 3 Aufgaben.
3. Kontrolliere mit der Lösungskarte.

Station 3b
Wie sieht das Auge?

Das brauchst du:

- Arbeitsblatt
- Lösungskarte

Das ist deine Aufgabe:

1. Nimm das Arbeitsblatt zur Hand und lies dir die Sprechblasen aufmerksam durch.
2. Bearbeite anschließend die Aufgabe.
3. Kontrolliere mit der Lösungskarte.

Lerch/Müller/Sußmann/Stadler: Lernwerkstatt Auge, Ohr & Co.
© Persen Verlag, Buxtehude

So sieht unser Auge

Lichtstrahlen treten durch die Pupille in das Auge ein. Hornhaut und Linse brechen und bündeln das eintretende Licht, sodass es auf der Netzhaut auftrifft. Die Netzhaut besteht aus lichtempfindlichen Zellen (Stäbchen und Zapfen). Sie wirkt wie eine Leinwand, jedoch steht hier das Bild auf dem Kopf. Dieses Bild wird von den Nervenzellen der Netzhaut in elektrische Signale umgewandelt und über den Sehnerv an das Gehirn weitergeleitet. Aufgabe des Gehirns ist es nun, alle eingegangenen Informationen so zu verarbeiten, dass wir das Bild richtig verstehen.

1. Unterstreiche die Teile des Auges, die beim Sehvorgang eine wichtige Rolle spielen.

2. Beschreibe hier mit eigenen Worten die wichtigsten Schritte des Sehvorgangs.

3. Nun bist du Experte. Beschrifte folgende Skizze.

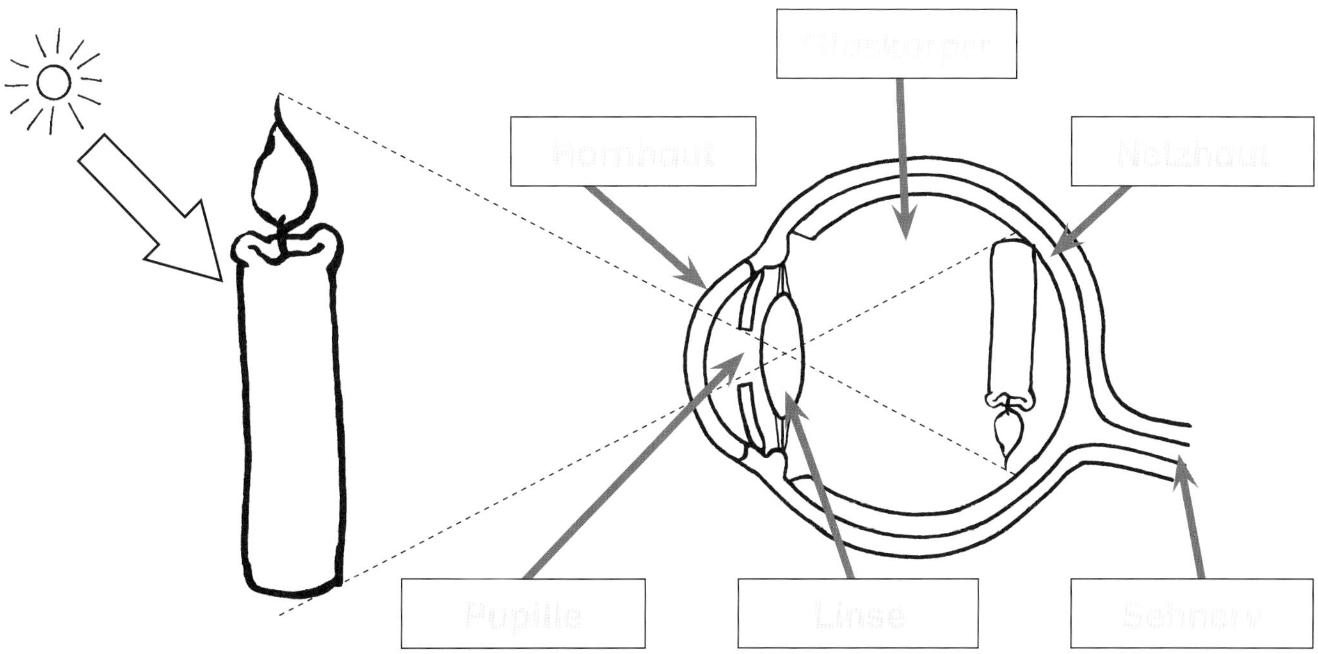

Iris und Pupille

Ordne die folgenden Aussagen in die richtige Spalte ein.

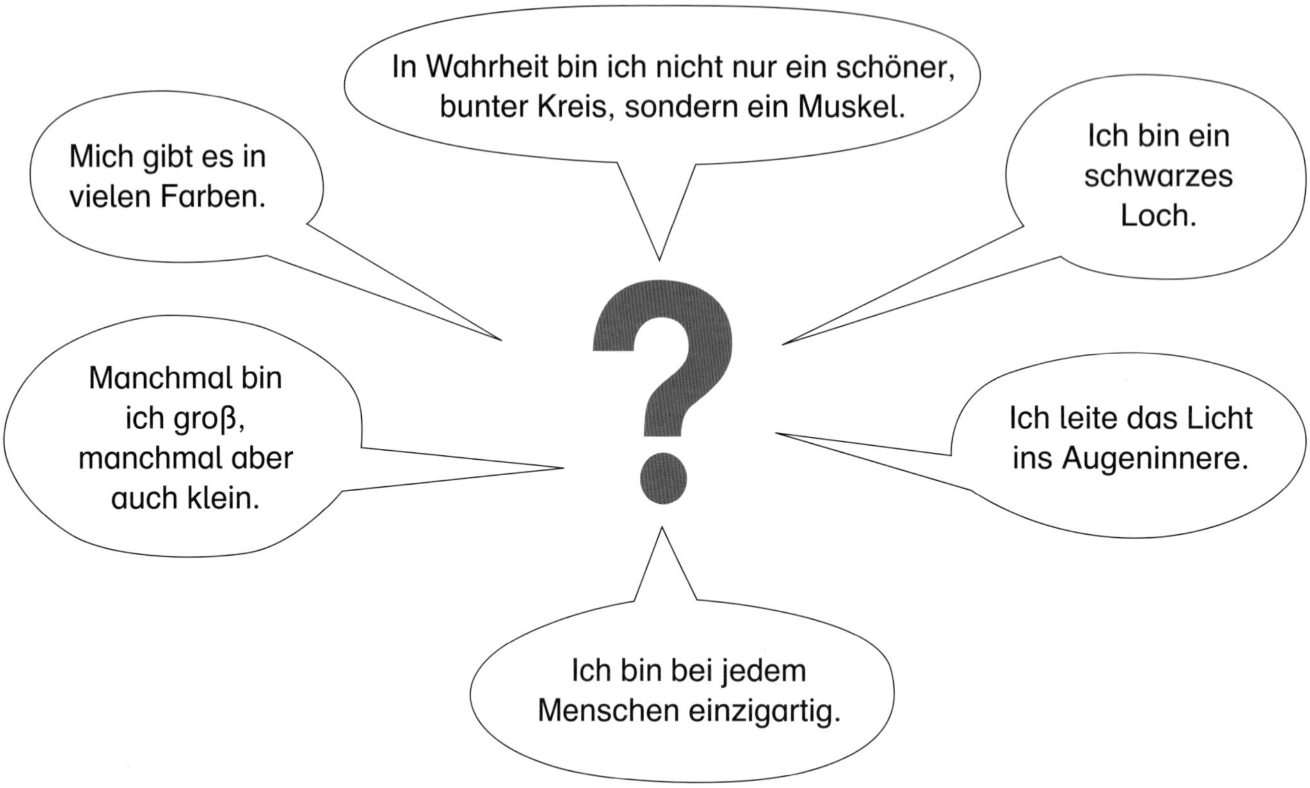

Iris	Pupille
Mich gibt es in vielen Farben.	Ich bin ein schwarzes Loch.
In Wahrheit bin ich nicht nur ein schöner, bunter Kreis, sondern ein Muskel.	Manchmal bin ich groß, manchmal aber auch klein.
Ich bin bei jedem Menschen einzigartig.	Ich leite das Licht ins Augeninnere.

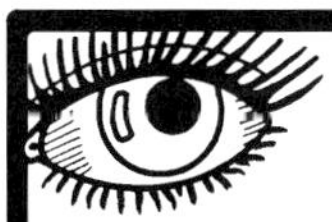

Station 4
Unser Sichtfeld

Das brauchst du:

- Arbeitsblatt
- Malstifte (grün, gelb, rot)
- Lösungskarte

Das ist deine Aufgabe:

1. Nimm das Arbeitsblatt und lies dir die Anleitung zum Versuch genau durch.
2. Führe nun den Versuch durch und halte deine Beobachtungen fest.
3. Versuche anschließend den Lückentext richtig auszufüllen.
4. Bearbeite im Anschluss daran noch die angeführten drei Aufgaben.
5. Kontrolliere mit der Lösungskarte.
6. Hefte zum Schluss das Arbeitsblatt in deinem Portfolio ab.

Auge Station 4 Lösungskarte

Erklärung:

Unsere Augen nehmen nur das scharf wahr, was direkt **vor** ihnen ist.
Alles was nicht direkt vor einem ist, nimmt man nur **unscharf** wahr.
Ab einem gewissen Punkt kannst du an der Seite überhaupt **nichts** mehr sehen, da sich der Gegenstand in einem Bereich befindet, der von deinen Augen nicht mehr erfasst werden kann.
Da aber **Augen** und **Kopf** beweglich sind, ist unser Sichtfeld dennoch groß.

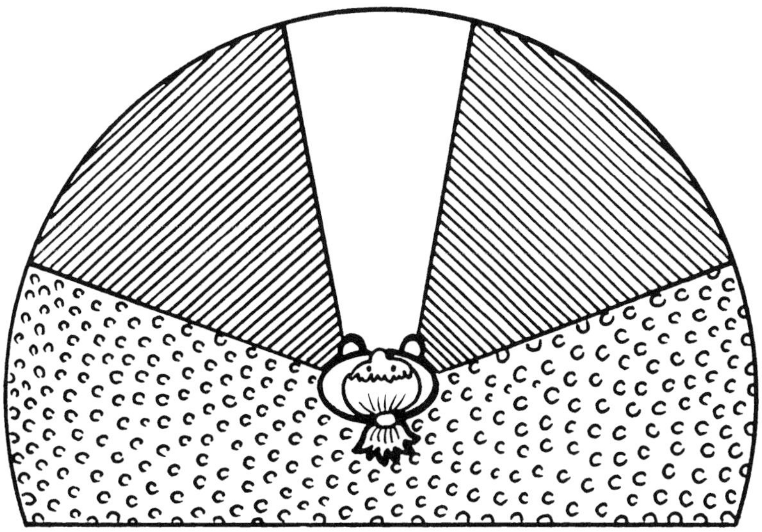

Lerch/Müller/Sußmann/Stadler: Lernwerkstatt Auge, Ohr & Co.
© Persen Verlag, Buxtehude

Unser Sichtfeld

Versuchsanleitung:
Blicke von deinem Platz aus auf die Tafel. Strecke nun deine Arme nach vorne aus und hebe beide Zeigefinger. Schau jetzt konzentriert auf die 2 Finger. Bewege anschließend langsam deine Hände nach außen, blicke aber dabei weiterhin geradeaus.

Das vermute ich:

____

____

Das habe ich beobachtet:

____

____

Meine Erklärung:

____

____

Unsere Augen nehmen nur das scharf wahr, was direkt ______________ ihnen ist.

Alles was nicht direkt vor einem ist, nimmt man nur ______________ wahr.

Ab einem gewissen Punkt kannst du an der Seite überhaupt ______________ mehr sehen, da sich der Gegenstand in einem Bereich befindet, der von deinen Augen nicht mehr erfasst werden kann.

Da aber ______________ und ______________ beweglich sind, ist unser Sichtfeld dennoch groß.

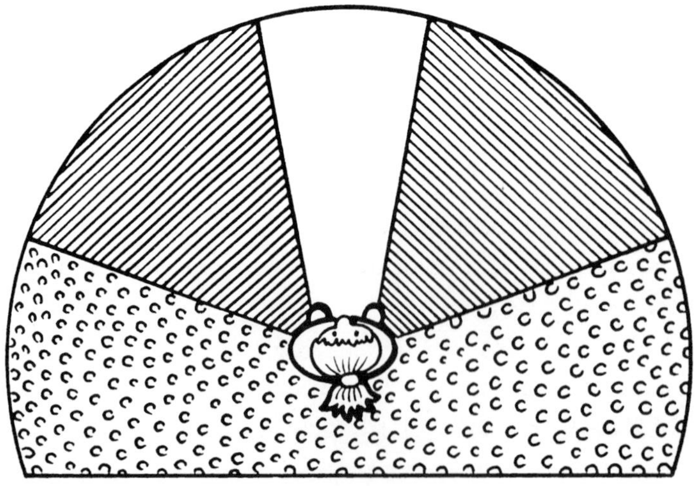

1. Male den Bereich im Sichtfeld grün an, in dem alles scharf sichtbar ist.
2. Färbe den Bereich gelb ein, in dem du Dinge nur noch unscharf wahrnehmen kannst.
3. Rot sollte der Bereich sein, in dem du nichts mehr sehen kannst.

Station 5a
Der Schutz des Auges
Pupille

Das brauchst du:

- Beobachtungsblatt
- Lösungskarte
- Infokarte

Das ist deine Aufgabe:

1. Suche dir einen Partner an dieser Station.
2. Ein Partner hält sich ungefähr 30 Sekunden mit den Händen die Augen ganz fest zu.
3. Jetzt öffnet dein Nachbar ganz schnell seine Augen und du beobachtest, was mit der Pupille passiert.
4. Wechselt euch jetzt ab.
5. Füllt nun Beobachtung a) des Arbeitsblattes aus.
6. Kontrolliert mit der Lösungskarte.
7. Lies jetzt auf der Infokarte noch genau nach.

Station 5b
Der Schutz des Auges
Augenbrauen

Das brauchst du:

- Spritze mit Wasser
- Beobachtungsblatt
- Lösungskarte
- Infokarte

Das ist deine Aufgabe:

1. Hole dir mit einem Partner zusammen eine Spritze mit Wasser.
2. Tropfe deinem Partner ganz vorsichtig über die Augenbraue einen Tropfen Wasser auf die Stirn.
3. Füllt nun Beobachtung b) des Arbeitsblattes aus.
4. Kontrolliert mit der Lösungskarte.
5. Lies jetzt auf der Infokarte noch genau nach.

Lerch/Müller/Suβmann/Stadler: Lernwerkstatt Auge, Ohr & Co.
© Persen Verlag, Buxtehude

Lerch/Müller/Suβmann/Stadler: Lernwerkstatt Auge, Ohr & Co.
© Persen Verlag, Buxtehude

Station 5c
Der Schutz des Auges
Wimpern

Das brauchst du:

- Wattebausch
- Beobachtungsblatt
- Lösungskarte

Das ist deine Aufgabe:

1. Suche dir an dieser Station einen Partner.
2. Hole dir einen Wattebausch.
3. Tupfe ganz vorsichtig mit dem Wattebausch über die Wimpern deines Partners.
4. Füllt nun Beobachtung c) des Arbeitsblattes aus.
5. Kontrolliert mit der Lösungskarte.

Station 5d
Der Schutz des Auges
Augenlider

Das brauchst du:

- Stoppuhr
- Beobachtungsblatt
- Lösungskarte
- Infokarte

Das ist deine Aufgabe:

1. Suche dir einen Partner an dieser Station.
2. Schaue deinem Partner eine Minute lang in die Augen. Zähle, wie oft dein Gegenüber blinzelt.
3. Blase jetzt deinem Partner vorsichtig in die Augen.
4. Füllt nun Beobachtung d) des Arbeitsblattes aus.
5. Kontrolliert mit der Lösungskarte.
6. Lies jetzt auf der Infokarte noch genau nach.

Lerch/Müller/Suβmann/Stadler: Lernwerkstatt Auge, Ohr & Co.
© Persen Verlag, Buxtehude

Station 5e
Der Schutz des Auges
Augapfel

Das brauchst du:

- 2 Becher
- 2 Tischtennisbälle
- Beobachtungsblatt
- Lösungskarte
- Infokarte

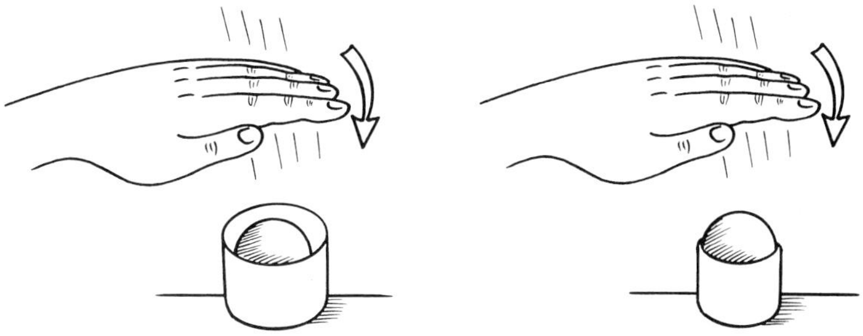

Das ist deine Aufgabe:

1. Legt einen Ball in den großen Becher (die große Augenhöhle).
2. Schlagt nun leicht mit der Hand auf das Augenmodell.
3. Wiederholt diesen Versuch mit dem kleinen Becher (die kleine Augenhöhle).
4. Füllt nun Beobachtung e) des Arbeitsblattes aus.
5. Kontrolliert mit der Lösungskarte.
6. Lies jetzt auf der Infokarte noch genau nach.

Station 5f
Der Schutz des Auges
Das kannst du selbst tun

Das brauchst du:

- Infotext
- Spielplan
- Karten
- Spielsteine, Würfel

Das ist deine Aufgabe:

1. Lest euch zuerst den Informationstext durch.
2. Holt euch nun das Spielmaterial.
3. Der jüngste Spieler beginnt. Würfelt abwechselnd.
4. Wer auf ein graues Feld kommt, muss eine Karte ziehen und entscheiden, ob das Kind auf dem Bild alles richtig macht.
5. Kontrolliert mit der Rückseite.
6. Wenn du die richtige Antwort gegeben hast, darfst du 2 Felder vorrücken, wenn nicht, musst du 2 Felder zurück.

Lerch/Müller/Sußmann/Stadler: Lernwerkstatt Auge, Ohr & Co.
© Persen Verlag, Buxtehude

Der Schutz des Auges

Station 5a)

Was konntest du beobachten, nachdem dein Partner die Augen geöffnet hatte?

___

Zeichne die Pupille in die Augen ein.

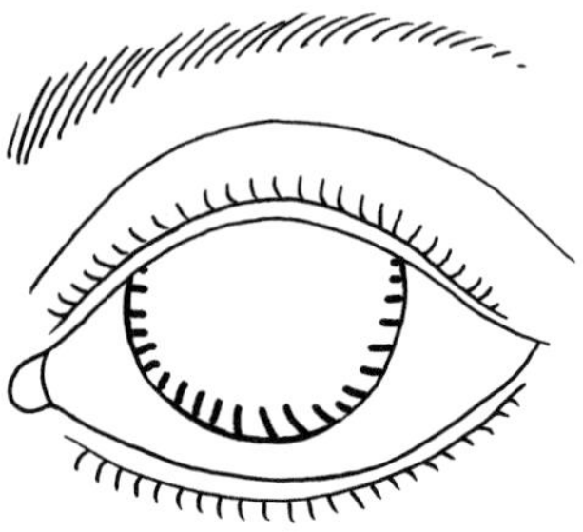

gleich nach dem Öffnen

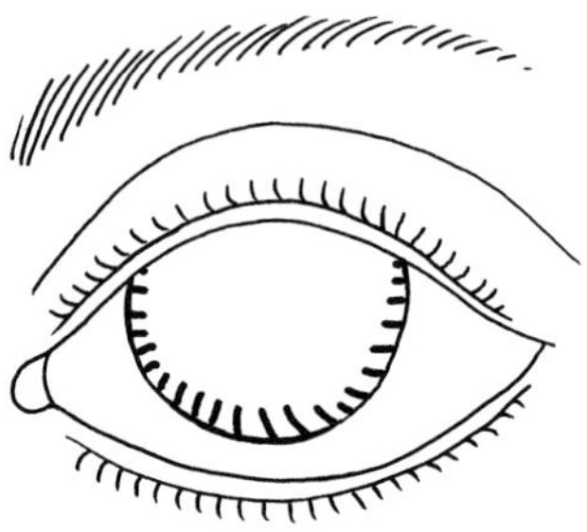

jetzt

Deine Pupille schützt dein Auge vor:

___

Station 5b)

Zeichne ein, wie der Wassertropfen läuft:

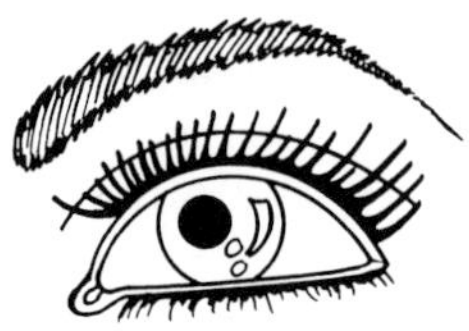

Deine Augenbrauen schützen deine Augen vor: ___

Station 5c)

Was hast du bei deinem Partner beobachten können?

___

Überlege: In Wirklichkeit müssen sich deine Augen nicht vor einem Wattebausch schützen.

Welche Fremdkörper können sonst noch in dein Auge kommen?

___

Deine Wimpern schützen dein Auge vor: ___

Station 5d)

Wie oft hat dein Partner geblinzelt?

Warum musst du blinzeln? Überlege.

Was ist passiert, als du deinem Partner in die Augen geblasen hast?

In welchen Situationen verhält sich dein Augenlid noch so? Überlege.

Deine Augenlider schützen deine Augen vor:

Station 5e)

Was hast du bei der größeren Augenhöhle beobachten können?

Was hast du bei der kleineren Augenhöhle beobachten können?

Verbinde richtig:

Froschauge

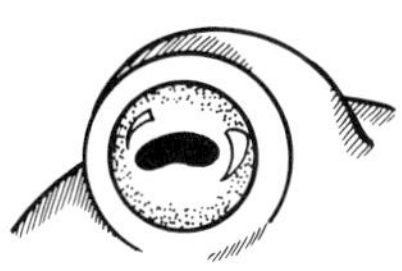

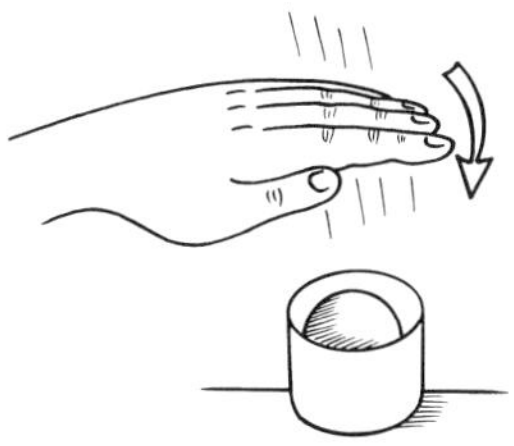

menschliches Auge

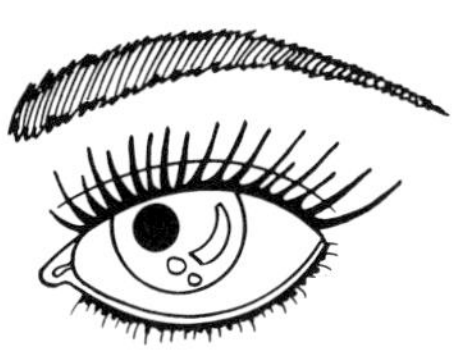

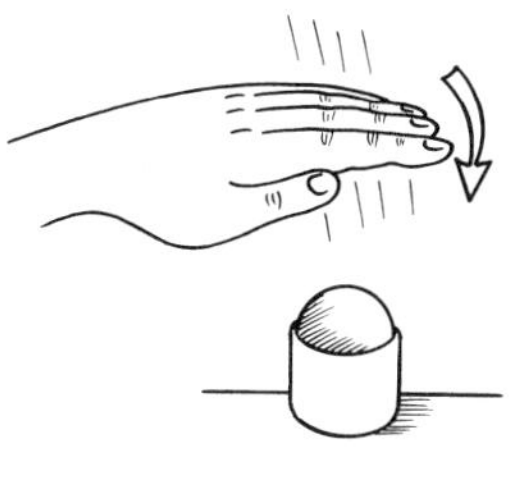

Welche Augen sind besser geschützt? Die des Frosches oder die des Menschen? Begründe.

Deine Augenhöhle schützt dein Auge vor:

Setze die Begriffe richtig ein:
Schweißtropfen, grellem Licht, Staub und Schmutz, Fremdkörpern, Stößen und Schlägen

Der Schutz des Auges

Lösung Station 5a)

Wenn wenig Licht in die Pupille eindringt, also wenn es dunkel ist, öffnet sie sich.
Wenn es hell ist, verengt sich die Pupille.
Deine Pupille schützt dein Auge vor **zu grellem Licht und zu starkem Lichteinfall**.

Lösung Station 5b)

Der Wassertropfen läuft an der Seite vorbei oder „springt" über dein Auge hinweg auf deine Wange.
Deine Augenbrauen schützen deine Augen vor **Schweißtropfen**.

Lösung Station 5c)

Deine Wimpern fangen den Wattebausch ab und verhindern, dass er das Innere des Auges berührt. Sie verhindern so in der Wirklichkeit, dass **Staub und Schmutz** aus der Luft in dein Auge gelangen.

Lösung Station 5d)

Wenn du deinem Partner in die Augen bläst, schließt sich automatisch das Augenlid. Dasselbe passiert bei Wind. Aber nicht nur Wind kann in deine Augen gelangen, sondern auch Fremdkörper, wie Insekten.
Deine Augenlider schützen deine Augen also vor **Fremdkörpern und verteilen die Tränenflüssigkeit, um das Auge zu reinigen**. Wenn du blinzelst, wird Tränenflüssigkeit auf deinem Auge verteilt.

Lösung Station 5e)

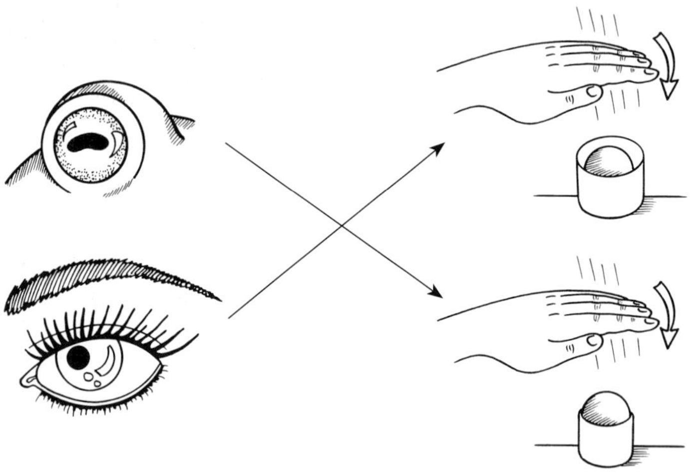

Das menschliche Auge ist gut geschützt, weil die Augenhöhle tief ist und so das Auge vor **Stößen und Schlägen** bewahrt.

Der Schutz des Auges

Die **Pupille** schützt das Auge vor zu viel und zu grellem Licht. Wenn es hell ist, ziehen Muskeln die Pupille zusammen, sodass die empfindlichen Nervenzellen im Inneren des Auges nicht geschädigt werden. Wenn es dunkler ist, erweitern andere Muskeln die Pupille wieder, um genügend Licht durch die Pupille zu lassen.

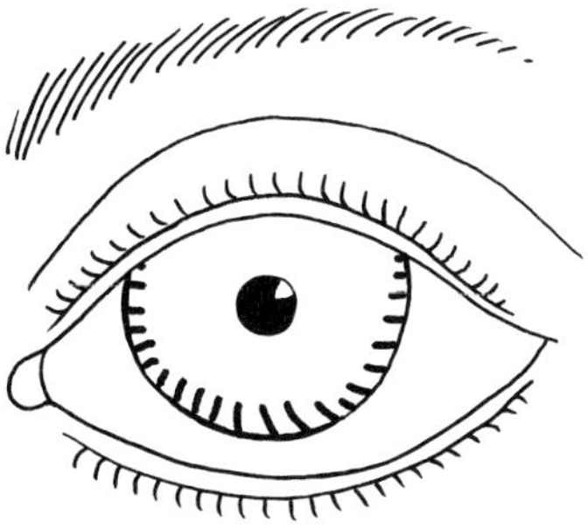

helles Licht

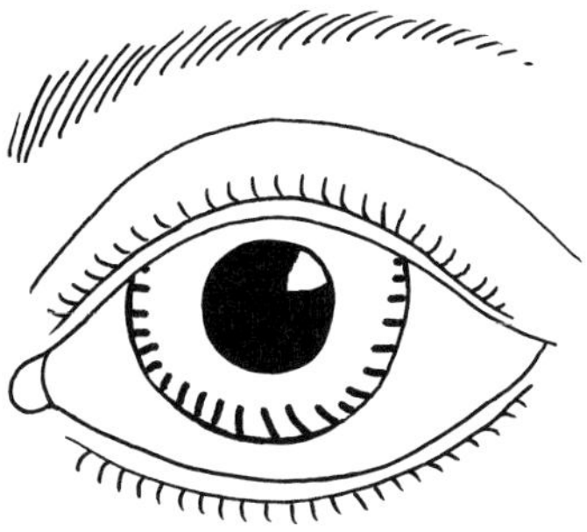

schwaches Licht

Wenn du zum Beispiel im Sportunterricht schwitzt, schützen deine **Augenbrauen** deine Augen vor Schweißtropfen. Dabei leiten sie die Tropfen an der Seite vorbei. Manchmal kann es auch passieren, dass diese Tropfen über das Auge hinweg „springen".

Die **Augenlider** schützen dein Auge vor Staub und Fremdkörpern, indem sie sich bei Gefahr, wie Schmutz oder auch Wind, schnell schließen. Normalerweise blinzelst du ungefähr 10- bis 15-mal pro Minute.

Die **Tränendrüse** liegt hinter dem Oberlid und produziert, auch wenn du nicht weinst, jeden Tag ungefähr 2 ml salzige Tränenflüssigkeit. Deine Augenlider verteilen dabei diese Tränenflüssigkeit auf dem Auge und schützen das Auge vor Austrocknung.
Du hast bestimmt schon einmal erlebt, dass dir eine Mücke ins Auge geflogen ist. Wenn das passiert, spült die Tränenflüssigkeit diesen Fremdköper wieder heraus.
Hast du gewusst, dass deine Tränen ein körpereigenes Antibiotikum enthalten, das vor Ansteckungen durch Bakterien schützt?

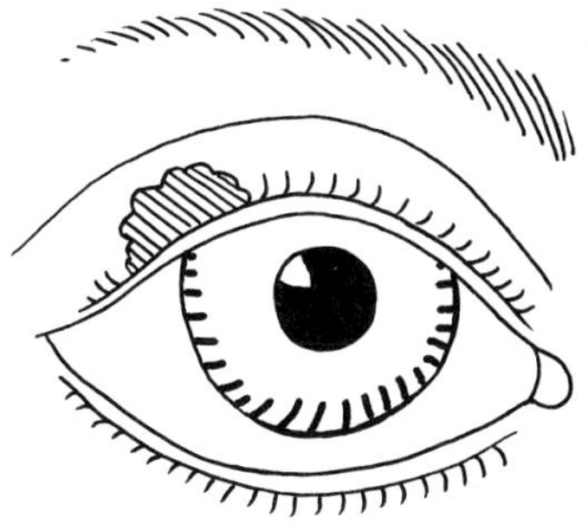

Der größte Teil deines Auges ist der Augapfel, der geschützt in der Augenhöhle liegt, sodass kleine Stöße dem Auge nichts anhaben können. Außerdem ist in der Augenhöhle ein Fettpolster, das deinen Augapfel auch vor Erschütterungen schützt.

So kannst du selbst deine Augen schützen

Du hast schon erfahren, dass das Auge sich selbst gut schützen kann. Wichtig ist aber auch, dass du selbst etwas dafür tust, dass deine Augen nicht schlechter werden.
Die Augen sind vielerlei Gefahren ausgesetzt:

Gerade Kinder unterschätzen oft die schädliche Wirkung von Sonnenlicht, dem sogenannten UV-Licht. Wenn du direkt in die Sonne siehst, kann deine Netzhaut verletzt werden. **Trage deshalb bei Sonneneinstrahlung eine gute Sonnenbrille mit hohem UV-Schutz.**

Eine große Gefahr für deine Augen stellt das stundenlange Sitzen vor dem Fernseher oder Computer dar. Dein Auge konzentriert sich auf den Bildschirm und vergisst zu blinzeln. Das hat zur Folge, dass dein Auge nicht mehr richtig befeuchtet wird, es wird müde und fängt an zu brennen. **Sitze deshalb immer nur kurz und mit ausreichend Abstand vor einem Bildschirm.**

Dasselbe gilt für das Schreiben und das Lesen. **Sorge dafür, dass du immer genügend Licht hast und Abstand hältst.** Du überanstrengst sonst deine Augen.

Auch beim Spielen und Basteln lauern Gefahren für die Augen. Spitze Gegenstände, wie zum Beispiel eine Schere oder Dartpfeile, können dein Auge schwer verletzen. **Mit spitzen Gegenständen musst du immer vorsichtig umgehen.**

Bei einer Augenverletzung musst du in jedem Fall zum **Augenarzt** gehen. Außerdem solltest du regelmäßig beim Augenarzt deine Sehschärfe kontrollieren lassen.

Station 6
Räumliches Sehen

Das brauchst du:

- Infokarte
- Arbeitsblatt
- DIN-A4-Papier
- Lösungskarte

Das ist deine Aufgabe:

1. Lies dir bitte aufmerksam die Infokarte zu dieser Station durch.
2. Nimm nun das Arbeitsblatt zur Hand und lies dir die Anleitung zu Versuch 1 genau durch.
3. Führe nun den ersten Versuch durch und halte deine Beobachtungen unter dem Bild fest.
4. Gehe bei Versuch 2 ebenso vor.
5. Kontrolliere mit der Lösungskarte.
6. Lies auf der Infokarte genauer nach.

Räumliches Sehen – So funktioniert es

Wenn wir etwas betrachten, nimmt sowohl das rechte als auch das linke Auge ein eigenes Bild wahr. Da die Augen in unserem Gesicht voneinander entfernt sind, sieht das eine mehr von der rechten Seite, das andere wiederum mehr von der linken. Unser Gehirn vollbringt Meisterleistungen: Es kann die Informationen der einzelnen Augen zu einem gemeinsamen Bild zusammensetzen. Dabei berechnet es zusätzlich den Unterschied der Eindrücke und gibt uns somit zu verstehen, wie weit das Gesehene von uns entfernt ist. Dies nennt man „Räumliches Sehen".

Versuche zum räumlichen Sehen

Versuch 1: Der springende Daumen

Halte deine Daumen so, wie es im Bild zu sehen ist. Schließe abwechselnd das linke und das rechte Auge, während du auf deine Daumen blickst. Was passiert?

Das konnte ich feststellen:

____

____

So erkläre ich es mir:

____

____

Versuch 2: Das Loch in der Hand

Rolle ein DIN-A4-Blatt der Länge nach zu einer Papierröhre und halte diese vor dein rechtes Auge. Lass beide Augen offen und versuche, etwas in der Ferne durch das Papierrohr genau zu betrachten. Führe nun langsam deine linke, geöffnete Handfläche an die Rolle, schaue aber weiterhin konzentriert in die Röhre. Was ist mit deiner linken Hand passiert?

Das konnte ich feststellen:

____

____

So erkläre ich es mir:

____

____

Versuche zum räumlichen Sehen

Erklärung zu Versuch 1: Der springende Daumen

Dadurch, dass unsere Augen im Gesicht voneinander entfernt sind, nehmen beide denselben Gegenstand unterschiedlich wahr: Das rechte Auge sieht die Daumen mehr von rechts, das linke hingegen mehr von links. So entsteht für uns der Eindruck, dass der Daumen von einer Stelle zur anderen springt. Haben wir jedoch beide Augen geöffnet, ist es dem Gehirn möglich, diese zwei unterschiedlichen Bilder zu einem Einzigen zusammenzufügen.

Erklärung zu Versuch 2: Das Loch in der Hand

Immer, wenn du beide Augen geöffnet hast, versucht das Gehirn die zwei unterschiedlichen Bilder des rechten und linken Auges zu einem zusammenzufassen. So verschmilzt bei diesem Versuch das Bild des Guckrohres mit dem deiner Hand. Folglich wirkt diese für dich wie durchlöchert.

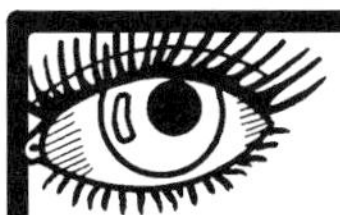

Station 7a
Wie ist es, wenn man blind ist?

Das brauchst du:

- Übungskarte
- Stationskiste mit Materialien für die Übungen

Das ist deine Aufgabe:

1. Suche dir für diese Station einen Partner und richtet gemeinsam die Stationskiste her.
2. Lest euch nun die erste Übung durch, sucht euch aus der Kiste das benötigte Material und führt die Übung abwechselnd durch.
3. Sprecht nach jedem Durchgang darüber, wie es euch als „blindem Menschen“ ergangen ist.
4. Geht bei den weiteren Übungen ebenso vor.

Station 7b
Die Blindenschrift

Das brauchst du:

- Lesetext: „Die Blindenschrift“
- Holzstifte (rot, orange, blau, grün, gelb, braun, lila) , Lineal
- Lösungskarte zum Lesetext „Die Blindenschrift“
- Arbeitsblatt: „Die Punktschrift“
- Luftpolster-Folie
- Lösungskarte zum Arbeitsblatt: „Die Punktschrift“

Das ist deine Aufgabe:

1. Nimm das Arbeitsblatt „Die Blindenschrift“ zur Hand und lies dir den Text aufmerksam durch.
2. Bearbeite anschließend die Aufgabe.
3. Kontrolliere mit der Lösungskarte.
4. Hole dir nun das Arbeitsblatt „Die Punktschrift“, lies es und bearbeite die Aufgaben.
5. Kontrolliere auch hier wieder mit der Lösungskarte.

Station 7c
Hilfen für Blinde

Das brauchst du:

- Domino-Karten
- Arbeitsblatt
- Stift und Lineal
- Lösungskarte

Das ist deine Aufgabe:

1. Suche dir für diese Station einen Partner.
2. Spielt zusammen Domino. Wer weiß, welches Bild zu welchem Text passt?
3. Falls ihr nicht wisst, wie man Domino spielt, erkundigt euch bei eurem Lehrer.
4. Ist das Spiel beendet, dreht die Karten um und kontrolliert, ob ihr sie in der richtigen Zahlenreihenfolge gelegt habt.
5. Nehmt nun jeder ein Arbeitsblatt zur Hand und bearbeitet gemeinsam die Aufgaben.
6. Kontrolliert am Ende mit der Lösungskarte.

Lerch/Müller/Suβmann/Stadler: Lernwerkstatt Auge, Ohr & Co.
© Persen Verlag, Buxtehude

Wie ist es, wenn man blind ist?

Führt immer beide die folgenden Übungen durch und kontrolliert euch dabei gegenseitig.

1. Übung: Riechquiz

Ein Partner **verbindet** sich die Augen.
Der andere hält ihm nacheinander die geöffneten **Fotodosen** einzeln unter die Nase.
Um welchen Geruch handelt es sich jeweils?

2. Übung: Begleitperson

Wieder **verbindet** sich ein Partner die Augen.
Der andere hat nun die Aufgabe, ihn vom Klassenzimmer aus zu den Toiletten zu führen.
Kannst du deinem Partner sicher den Weg weisen?

3. Übung: Folge dem Geräusch!

Einer von euch **verbindet** sich wieder die Augen.
Der andere nimmt die **Triangel** zur Hand.
Er muss seinen Partner nun von einer Ecke des Klassenzimmers vorsichtig zur gegenüberliegenden leiten.
Immer wenn Gegenstände oder Stolperfallen auftauchen, muss das sehende Kind auf der Triangel Alarm schlagen, damit das blinde Kind auf seinem Weg nicht fällt.

4. Übung: Goldmarie

Verbindet euch beide die Augen.
Nehmt das **Säckchen mit den Münzen** zur Hand und versucht nur durch Erfühlen, diese zu sortieren. Zum Beispiel: Alle 10-Cent-Stücke auf einen Haufen, usw.

5. Übung: Tastsinn-Trainer

Einer von euch beiden **verbindet** sich wieder die Augen.
Er muss nun mit einer Hand aus **einem Säckchen** einen Gegenstand erfühlen.
Jetzt muss er mit der anderen Hand den gleichen Gegenstand im **anderen Säckchen** finden.
Er wiederholt diesen Vorgang mit einem neuen Gegenstand, bis die Säckchen leer sind.

Die Blindenschrift

Wie sie erfunden wurde:

Louis Braille (sprich: Braije) lebte von 1809 bis 1852. Er wurde in Paris geboren und war Sohn eines armen Handwerkers, der Sättel herstellte. Gerne half Louis seinem Vater in der Werkstatt. Eines Tages jedoch passierte ein Unglück. Als Louis gerade drei Jahre alt war, rutschte ihm ein Werkzeug aus der Hand, mit dem er gespielt hatte. Damit verletzte er sich so schwer im Gesicht, dass er sein Augenlicht verlor und folglich erblindete.

Für die Familie hatte dieser Unfall tragische Folgen, denn damals konnten blinde Menschen weder eine Schule besuchen, noch einen Beruf erlernen. Sie wurden zu dieser Zeit einfach in ein Heim gesteckt. Dort waren sie dazu gezwungen, einfache Arbeiten zu verrichten oder sogar auf der Straße zu betteln. Sowohl Louis als auch seine Eltern und Geschwister wollten das auf jeden Fall verhindern. Deswegen brachten sie ihm so viel wie möglich bei. Zum Beispiel fertigte sein Vater für ihn das Alphabet an, indem er Polsternägel in ein Brett hämmerte. Louis erlernte dieses sehr schnell, jedoch war diese Leseart sehr mühsam.

Als Louis 12 Jahre alt war, erfuhr er, dass ein Mann eine „Nachtschrift“ für Soldaten erfunden hatte. Sie bestand aus Erhebungen in Punktform, welche die Soldaten auch in der Dunkelheit entziffern konnten. Da sie dafür kein Licht benötigten, wurde auch der Feind nicht angelockt.

Louis interessierte sich sehr für diese „Soldatenschrift“. Allerdings erschien sie ihm zu schwer, da sie aus 12 Punkten bestand. So setzte er es sich zum Ziel, sie zu vereinfachen.

Im Jahre 1825 war es soweit: Louis Braille hatte die Blindenschrift erfunden, bei der für jeden Buchstaben sechs Punkte zur Verfügung stehen. Je nachdem, wie die Punkte angeordnet sind, ergeben sich daraus die einzelnen Buchstaben unseres Alphabets. Die im ABC schwarz gezeichneten Punkte sind in der Blindenschrift erhöht gedruckt und können daher von blinden Menschen problemlos erfühlt bzw. ertastet werden.

Auch heute noch wird diese Schrift fast überall von Blinden gelesen und geschrieben.

So wird die Blindenschrift gelesen:

Die Fingerspitzen tasten die erhöhten, schwarzen Punkte ab. Je nachdem, wie die Punkte angeordnet oder kombiniert sind, ergeben sich daraus Buchstaben. Es können aber auch Ziffern, Satzzeichen, Rechenzeichen und sogar Musiknoten damit dargestellt werden.

So können sich auch blinde Menschen heute viel Wissen aneignen und müssen nicht mehr wie früher in ein Heim oder auf die Straße zum Betteln.

Unterstreiche im Text:

1. Wer hat die Blindenschrift erfunden? (rot)
2. Wann wurde die Blindenschrift erfunden? (orange)
3. Wodurch verlor der Erfinder sein Augenlicht? (blau)
4. Was passierte normalerweise mit blinden Menschen zu dieser Zeit? (grün)
5. Wie brachte sein Vater ihm das ABC bei? (gelb)
6. Warum benutzten Soldaten die sogenannte „Nachtschrift“? (braun)
7. Wie wird die Blindenschrift gelesen? (lila)

Die Punktschrift

„Punktschrift“ ist ein anderes Wort für „Blindenschrift“. Kannst du dir denken, warum?
Die Schrift besteht aus sechs Punkten, die immer so angeordnet sind, wie du es im Bild siehst.
Gelesen werden nur die Punkte, die für Sehende schwarz sind.
Für Blinde sind diese erhöht und damit spürbar.
Ausschließlich diese Punkte ergeben den Buchstaben.

○ ○
○ ○
○ ○

A	B	C	D	E	F	G	H	I	J	K	L	M	N	O
●○ ○○ ○○	●○ ●○ ○○	●● ○○ ○○	●● ○● ○○	●○ ○● ○○	●● ●○ ○○	●● ●● ○○	●○ ●● ○○	○● ●○ ○○	○● ●● ○○	●○ ○○ ●○	●○ ●○ ●○	●● ○○ ●○	●● ○● ●○	●○ ○● ●○
P	**Q**	**R**	**S**	**T**	**U**	**V**	**W**	**X**	**Y**	**Z**	**?**	**ST**	**AU**	**EU**
●● ●○ ●○	●● ●● ●○	●○ ●● ●○	○● ●○ ●○	○● ●● ●○	●○ ○○ ●●	●○ ●○ ●●	○● ●● ○●	●● ○○ ●●	●● ○● ●●	●○ ○● ●●	○● ●○ ●●	○● ●● ●●	●○ ○○ ○●	●○ ●○ ○●
EI	**CH**	**SCH**	**ÄU**	**IE**	**Ä**	**Ö**	**Ü**	**,**	**.**	**?**	**!**			
●● ○○ ○●	●● ○● ○●	●○ ○● ○●	○○ ○○ ●○	○● ○○ ●●	○● ○● ●○	○● ●○ ○●	●○ ●● ○●	○○ ●○ ○○	○○ ○○ ●○	○○ ●○ ○●	○○ ●● ●○			

Aufgabe für sehende Kinder:

●● ○● ●○	●○ ○○ ●●	●○ ●● ●○		●● ○○ ●○	○● ●○ ○○	○● ●● ●○		●● ○● ○○	●○ ○● ○○	●● ○○ ●○		●○ ●● ○○	●○ ○● ○○	●○ ●● ●○	●○ ○● ●●	●○ ○● ○○	●● ○● ●○
N	U	R		M	I	T		D	E	M		H	E	R	Z	E	N

○● ●○ ●○	○● ●○ ○○	●○ ○● ○○	●● ●● ○○	○● ●● ●○		●● ○○ ●○	●○ ○○ ○○	●● ○● ●○		●● ●● ○○	●○ ○○ ●●	○● ●● ●○
S	I	E	H	T		M	A	N		G	U	T

Schreibe deinen Vornamen in Blindenschrift.

○○ ○○
○○ ○○
○○ ○○

Erfühle auf der Luftpolster-Knick-Knack-Folie das Wort.

Lösung: ______________________________

Lasse das Arbeitsblatt von deinem Lehrer kontrollieren.

START	Ich flüstere nicht in Gegenwart blinder Menschen.		Ich führe Blinde, wenn sie es wünschen, vorsichtig durch den Raum.
	Bevor ich Blinden helfe, frage ich immer zuerst, ob sie es wollen.		Ich helfe einem Blinden ins Auto, indem ich die Tür öffne und seine Hand an die Türkante lege.
	Ich sage einem Blinden bei Treppenaufgängen, ob es hinauf oder hinunter geht und wo sich das Geländer befindet.		Ich achte beim Sprechen mit Blinden auf genaue Beschreibungen. „Da“ und „Dort“ verstehen sie nur schwer.
	Blinde Menschen sind dankbar für jede Hilfe. Ich achte vor allem im Straßenverkehr auf sie.		Ich lasse blinde Menschen, wenn es möglich ist, das anfassen, worüber wir gerade sprechen.
	Ich stelle Blinden keine Rätsel. Ich sage immer gleich, wer ich bin.		Wenn ich einen blinden Menschen verlasse, muss ich es ihm sagen. Ein nettes Lächeln nützt hier nichts.
	Blinde Menschen haben einen Verstand. Ich brauche nicht über Dritte mit ihnen sprechen.		Ich beschreibe beim Einkaufen dem Blinden ganz genau die verschiedenen Dinge und lasse sie ihn befühlen.
	**ENDE**		

Hilfen für Blinde

So helfe ich blinden Menschen:

So helfen sich blinde Menschen selbst:

Name:

In ihm können Blinde Bilder erfühlen.

Name:

Sie kann geöffnet werden, damit der Blinde die Zeiger erfühlen kann.

Name:

Er wird dazu verwendet, den Weg vor dem Blinden auf Gefahren hin abzutasten.

Name:

Sie schreibt Texte (Punktefelder), die nur Blinde lesen können.

Name:

Durch diese Erfindung ist es Blinden möglich, zu lesen, zu schreiben oder zu rechnen.

Name:

Er unterstützt Blinde im Alltag, zum Beispiel zu Hause oder auf der Straße.

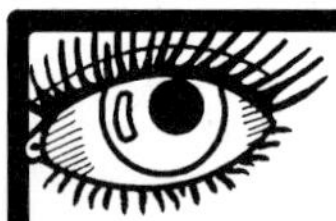

Station 8a
Was kannst du über deine Augen erzählen?

Das brauchst du:

- Wortkarten mit Redewendungen und Erklärungen
- weißes Papier

Das ist deine Aufgabe:

1. Suche dir an dieser Station einen Partner.
2. Wählt euch eine Wortkarte mit einer Redewendung aus.
3. Überlegt gemeinsam: Was könnte diese Redewendung bedeuten?
4. Vergleicht eure Vermutungen mit der Lösung auf der Rückseite.
5. Arbeite nun allein.
6. Gestalte ein Blatt mit den Redewendungen, die dir wichtig sind.

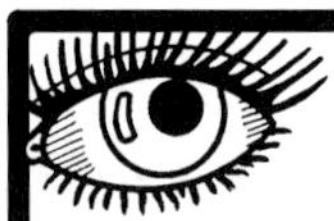

Station 8b
Was kannst du über deine Augen erzählen?

Das brauchst du:

- Wortkarten mit Redensarten
- weißes Papier
- Bleistift und Holzstifte

Das ist deine Aufgabe:

1. Richte Papier und Stifte her.
2. Wähle dir eine Wortkarte mit einer Redensart aus.
3. Lies dir die Redensart aufmerksam durch.
4. Male eine Skizze zu dieser Redensart und schreibe die Redensart dazu.
5. Bearbeite zwei weitere Wortkarten ebenso.

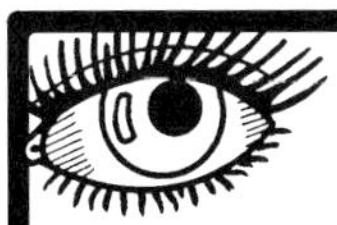

Station 8c
Was kannst du über deine Augen erzählen?

Das brauchst du:

- Memory zu den Sprichwörtern
- Lösungskarte

Das ist deine Aufgabe:

1. Suche dir für diese Station einen Partner.
2. Spielt zusammen Memory. Wer findet die meisten Paare?
   Achtung: Immer ein Sprichwort und eine Erklärung passen zusammen.
3. Falls ihr nicht wisst, wie man Memory spielt, erkundigt euch bei eurem Lehrer.
4. Kontrolliert mit der Lösungskarte.

Auge Station 8b Wortkarten mit Redensarten

Tomaten auf den Augen haben	den Wald vor lauter Bäumen nicht sehen
wie Schuppen von den Augen fallen	mit einem weinenden und einem lachenden Auge zusehen
unter vier Augen sprechen	Augen zu und durch!
die Augen sind gröβer als der Magen	Da bleibt kein Auge trocken!
mit einem blauen Auge davon kommen	durch eine rosarote Brille sehen
ganz groβe Augen machen	etwas geht ins Auge
ein Auge zudrücken	

Karten mittig falten, zusammenkleben, einzelne Karten ausschneiden

etwas geht ins Auge	Etwas verläuft nicht wie geplant und geht schief.
ein Auge zudrücken	Man sieht über etwas hinweg und lässt es noch einmal durchgehen.
wie Schuppen von den Augen fallen	Jemand durchschaut plötzlich eine Sache, die ihm vorher noch nicht klar war.
die Augen sind größer als der Magen	Jemand lädt sich zu viel Essen auf den Teller und schafft diese Portion aber nicht.
mit einem blauen Auge davon kommen	Jemand hat gerade noch einmal Glück gehabt.
aus den Augen, aus dem Sinn	Menschen, die man lange nicht mehr gesehen hat, geraten in Vergessenheit.
durch eine rosarote Brille sehen	Jemand ist so verliebt oder von etwas beeindruckt, dass er die Wirklichkeit nicht mehr richtig wahrnimmt.
schwarz sehen	Jemand geht immer vom Schlechtesten oder Schlimmsten aus.
den Wald vor lauter Bäumen nicht sehen	Jemand hält sich zu sehr mit Kleinigkeiten auf und verliert dadurch den Blick für das eigentlich Wichtige.
nach dem Rechten sehen	Man schaut nach, ob alles in Ordnung ist.

Lerch/Müller/Sußmann/Stadler: Lernwerkstatt Auge, Ohr & Co.

„Ich muss dich unter vier Augen sprechen“,	sagt Karl zu Klaus, wenn er ihm etwas Geheimes sagen möchte.	„Du hast doch Tomaten auf den Augen“,	beschimpft Tina ihre Freundin, wenn diese etwas nicht findet.
„Da waren deine Augen wohl größer als dein Magen“,	meint Mutter zu Timo, weil er sich zu viel Essen auf den Teller geladen hat.	„Ich drücke noch ein-mal ein Auge zu“,	sagt die Lehrerin zu Lisa, weil diese ihr Heft vergessen hat.
„Ich bin gerade noch einmal mit einem blauen Auge davon gekommen“,	freut sich Max, weil er von seinem Vater nicht beschimpft wurde.	„Das hätte ins Auge gehen können“,	beschimpft Julia ihren kleinen Bruder, als dieser ohne zu schauen über die Straße gerannt ist.
„Ich gehe bei Müllers nach dem Rechten schauen. Die sind im Urlaub“,	sagt Tante Frieda mit der Gießkanne in der Hand.	„Du wirst gleich ganz große Augen machen“,	sagt Christine zu Sonja, weil sie ihr das neue Zimmer zeigen will.
„Jetzt fällt es mir wie Schuppen von den Augen“,	freut sich Ulrich, als Hans-Peter ihm die Matheaufgabe erklärt.	„Augen zu und durch!“,	ermuntert Henning seinen Freund Frank vor dem nächsten Fußballturnier.

Station 9
Einige Tiere sehen anders

Das brauchst du:

- Lesetext
- Folienstift (abwaschbar), bunte Stifte
- Bilder der Tiere
- weißes Papier oder ein Blockblatt

Das ist deine Aufgabe:

1. Lies den Text durch.
2. Suche dir mindestens 3 Tiere aus, die für dich besonders interessant sind.
3. Unterstreiche, wie und womit diese Tiere sehen.
4. Erstelle nun mit diesen Tieren selbst eine Seite für dein Portfolio zum Thema: Einige Tiere sehen anders!
   Erkläre genau, wie und womit diese Tiere sehen.

Kopiervorlage: Bilder zur selbständigen Erstellung einer Portfolioseite mehrmals kopieren und für die Schüler auslegen

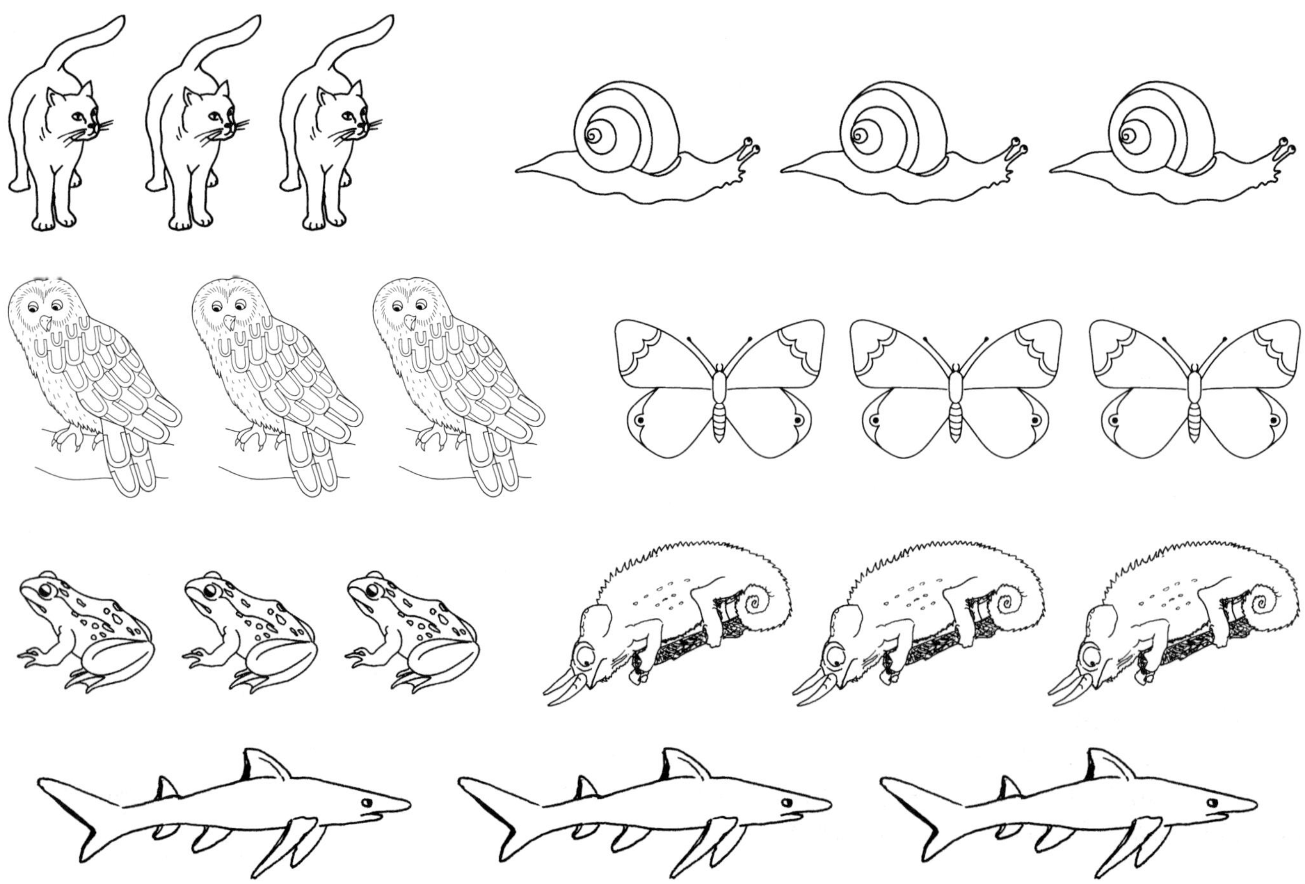

Einige Tiere sehen anders

Fällt dir ein Tier ein, das keine Augen hat? Eigentlich können alle Lebewesen sehen, doch auf welche Weise und wie gut, das ist sehr unterschiedlich. Hier erfährst du, welche Tiere anders als wir Menschen sehen und die Welt wahrnehmen.

Die Katze:
Wer kennt sie nicht, die funkelnden Augen der Katzen im Dunkeln. Katzenaugen haben nicht nur eine schlitzförmige Pupille, sondern auch eine spiegelähnliche Schicht. Damit wird das wenige einfallende Licht reflektiert (und die Dunkelheit wie von einer schwachen Taschenlampe erhellt). So können Katzen selbst im Finstern sehr gut jagen. Dazu kommt, dass sie viel mehr Grautöne erkennen können als der Mensch. Wusstest du aber, dass sie nur die Farben grün und blau sehen?

Die Eule:
Eulenaugen sind wie kleine, eingebaute Fernrohre. Sie können sogar im Dunkeln besonders weit und scharf sehen. Dank ihres sehr beweglichen Halses blicken Eulen auch mit beiden Augen nach hinten, ohne ihren Körper zu bewegen.

Der Frosch:
Der Frosch besitzt nach außen und innen gewölbte Augen, die sogar bis in den Mundraum hineinragen. Will er Beute schlucken, muss er erst seine Augen „verdrehen“, damit die Nahrung in die Speiseröhre gelangen kann. Besonders gut sieht er damit aber nicht, denn er erkennt nur bewegte Dinge. Stillsitzendes kann er nicht sehen.

Die Schnecke:
Zu den Augen der Schnecke könnte man auch „Stielaugen“ sagen, denn ihre Augen sitzen am Ende zweier längerer Fühler. Sie sind nur als kleine schwarze Punkte zu erkennen. Damit kann sie aber nur wenige Zentimeter weit sehen. Zusammenzucken oder ausweichen wird sie also erst wenn sie Hindernisse schon fast spürt.

Der Schmetterling:
Das spannendste Auge hat der Schmetterling. Wie alle Insekten besteht sein großes Auge in Wahrheit aus tausend kleinen Einzelaugen. Man nennt es Facettenauge. Damit sieht er alles in Zeitlupe und als Mosaikbild. Das ist so, als würdest du durch ein Sieb blicken. Dafür nimmt er aber die Welt am buntesten wahr, denn er kann auch für Menschen unsichtbares ultraviolettes Licht erkennen.

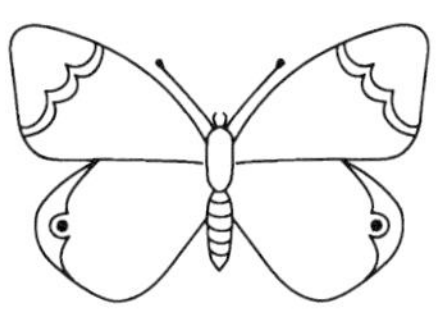

Der Hai:
Haie brauchen keine Taucherbrille, um im Wasser scharf zu sehen. Selbst im tiefen und trüben Wasser erkennen sie etwas. Das Restlicht wird einfach durch eine spiegelähnliche Schicht reflektiert, wie bei Katzen. Beim Kämpfen schützen Haie ihre Augen mit der „Nickhaut“. Sie ist so ähnlich wie das menschliche Augenlid.

Das Chamäleon:
Unverwechselbar sind die Augen des Chamäleons. Sie stehen vom Kopf wie zwei Halbkugeln ab und sind sogar unabhängig voneinander zu bewegen. Bis zu einem Kilometer kann das Chamäleon damit scharf sehen.

Station 10
Augenkünstler

Das brauchst du:

- Arbeitsblatt
- Lösungskarte

Das ist deine Aufgabe:

1. Nimm das Arbeitsblatt zur Hand und lies dir die Angaben über den Künstler durch!
2. Bearbeite im Anschluss daran die Aufgaben.
3. Kontrolliere mit der Lösungskarte.

Augenkünstler

Betrachte das unten abgedruckte Bild und bearbeite dazu folgende Aufträge:

1. Siehst du eine alte oder eine junge Frau? ____________________
2. Beschreibe genau, was die Person anhat. ____________________
3. Beschreibe das Gesicht genau. ____________________

   → Blickrichtung, Gesichtsausdruck, sonstige Auffälligkeiten usw. ____________________

Stelle das Blatt nun auf den Kopf.

Betrachte nun das neue Bild und bearbeite dazu folgende Aufträge:

1. Siehst du eine alte oder eine junge Frau? ____________________
2. Beschreibe genau, was die Person anhat. ____________________
3. Beschreibe das Gesicht genau. ____________________

   → Blickrichtung, Gesichtsausdruck, sonstige Auffälligkeiten usw. ____________________

Beschreibe das Kopfüber-Bild mit eigenen Worten und was zu was wurde!

____

____

____

Zeige deine eigene Bildbeschreibung deinem Lehrer.

Station 11
Kannst du deinen Augen immer vertrauen?

Das brauchst du:

- Arbeitsblatt A und B
- Lineal
- Lösungskarte

Das ist deine Aufgabe:

1. Betrachte die Bilder zuerst alleine.
2. Fülle dann die Aufgaben neben den Bildern aus.
3. Besprich dich jetzt mit deinem Partner. Was habt ihr entdeckt?
4. Lest gemeinsam auf der Lösungskarte nach und kontrolliert.

Lerch/Müller/Suβmann/Stadler: Lernwerkstatt Auge, Ohr & Co.
© Persen Verlag, Buxtehude

Kannst du deinen Augen immer vertrauen?

11a)

1. Was erkennst du alles auf dem Bild?

____

2. Welchen Gegenstand kannst du erkennen?

____

11b)

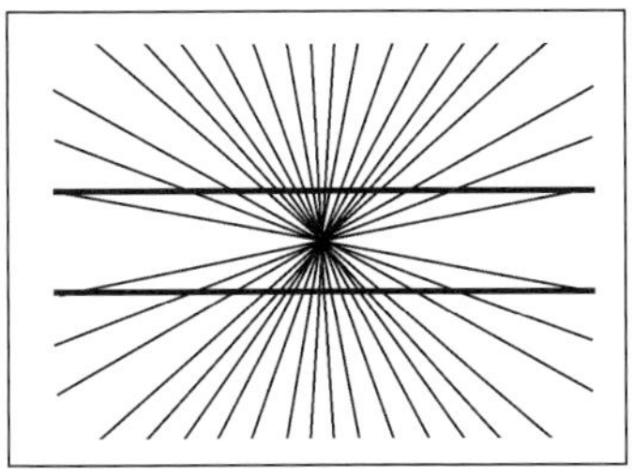

1. Gerade oder nicht?

Meine Vermutung: ______________________________

2. Miss mit dem Lineal die mittleren Linien nach.

Mein Ergebnis: ______________________________

1. Welcher Stamm ist kürzer?

Meine Vermutung: ______________________________

2. Überprüfe mit dem Lineal.

Mein Ergebnis: ______________________________

1. Welche Person ist größer?

Meine Vermutung: ______________________________

2. Überprüfe mit dem Lineal.

Mein Ergebnis: ______________________________

11c) Das gibt's doch gar nicht!

1. Was kannst du hier sehen?
   Gesichter oder Vase?

___

2. Was kannst du sehen? Pferdekopf oder Robbe?

___

3. Was kannst du sehen? Junges Mädchen oder alten Mann?

___

Kannst du deinen Augen immer vertrauen?

11a)

1. Ein **Pferd mit Reiter** ist zu sehen.
2. Ein **Würfel** ist zu sehen.

Siehst du „unfertige“ Bilder, so ergänzt dein Gehirn fehlende Teile aus dem Gedächtnis automatisch, da du Ähnliches schon gesehen hast.

11b)

1. Beide horizontalen Linien sind **gerade**.
2. Beide Stämme sind **gleich lang**.
3. Beide Personen sind **gleich groß**.

Dein Auge hat nicht nur die Linien oder den Jungen angeschaut, sondern auch die hinzugefügten Linien. Dadurch hat es sich überlisten lassen.
Mit diesem Trick kann man auf einem flachen Papier einen Raum erscheinen lassen.

11c) Das gibt's doch gar nicht!

Je nachdem, welche Stelle des Bildes betrachtet wird, erscheint die eine oder andere Figur. Beide Figuren sind damit im Bild zu sehen.
Dein Auge lässt sich aber auch hier verwirren. Daher erscheint einem mal die eine und dann die andere Figur. Solche Bilder nennt man „Wechselbilder“.

Erklärung:
Dieses Phänomen wird **optische Täuschung** genannt.
Dein Auge nimmt immerzu Bilder auf und leitet diese über den Sehnerv an das Gehirn weiter.
Da die Informationen etwas später im Gehirn ankommen, denkt dein Gehirn sozusagen voraus, was sich ändern könnte.
So kommt es zu optischen Täuschungen.

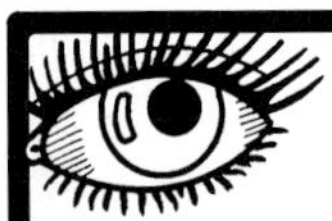

Station 12
Andere Wörter für „sehen“

Das brauchst du:

- Wortkarten im Briefumschlag
- weißes Papier

Das ist deine Aufgabe:

1. Nimm die Wortkarten aus dem Umschlag und lege ihn mit der Bilderseite vor dich.
2. Lies die Wörter auf den Wortkarten und sortiere sie den 3 Bereichen auf den Umschlägen zu.
3. Kontrolliere mit den Bildern auf der Rückseite.
4. Wähle **mindestens 5 Wörter** aus, zu denen du ein passendes Bild malst.

Lerch/Müller/Sußmann/Stadler: Lernwerkstatt Auge, Ohr & Co.
© Persen Verlag, Buxtehude

 sehen	 genau ansehen	 auf eine ausgefallene Weise sehen

Wortkarten Vorderseite

 sehen	 genau ansehen	 auf eine ausgefallene Weise sehen
schauen	beobachten	starren
hinschauen	suchen	gaffen
blicken	besichtigen	stieren
erkennen	überwachen	glotzen
betrachten	mustern	anstarren
zusehen	zuschauen	zwinkern
finden	aufpassen	schielen
gucken	bestaunen	blinzeln
erspähen	erkennen	glubschen

Rückseiten für die Wortkarten aufkleben

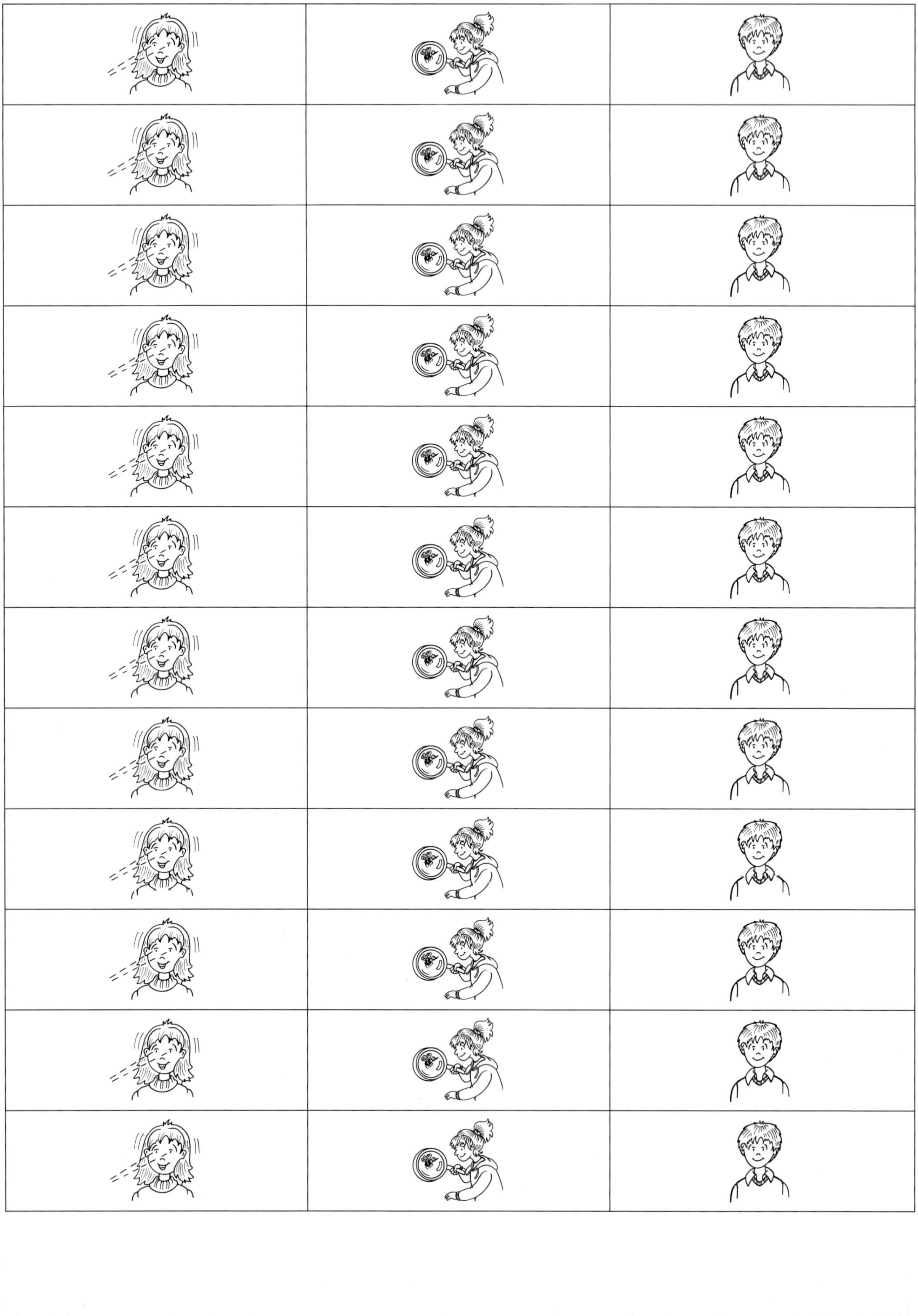

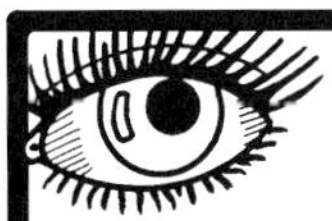

Station 13a
Ohne Licht geht es nicht

Das brauchst du:

- Taschenlampe
- Schlauch
- weißes Papier
- Arbeitsblatt
- Lösungskarte

Das ist deine Aufgabe:

1. Suche dir einen Partner an dieser Station.
2. Lest die Versuchsanleitung genau durch.
3. Schreibt eure Vermutung auf das Beobachtungsblatt.
4. Führt den Versuch durch.
5. Schreibt eure Beobachtungen auf.
6. Sucht eine Erklärung dafür und schreibt sie auf.
7. Kontrolliert jetzt mit dem Lösungsblatt.

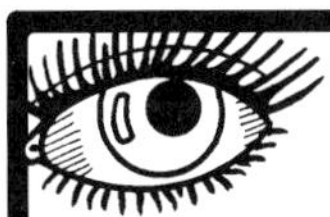

Station 13b
Ohne Licht geht es nicht

Das brauchst du:

- Taschenlampe
- Schale mit Wasser
- Spiegel
- weißes Papier
- Arbeitsblatt
- Lösungskarte

Das ist deine Aufgabe:

1. Suche dir einen Partner an dieser Station.
2. Lest die Versuchsanleitung genau durch.
3. Schreibt eure Vermutung auf das Beobachtungsblatt.
4. Führt den Versuch durch.
5. Schreibt eure Beobachtungen auf.
6. Sucht eine Erklärung dafür und schreibt sie auf.
7. Kontrolliert jetzt mit der Lösungskarte.

Lerch/Müller/Sußmann/Stadler: Lernwerkstatt Auge, Ohr & Co.
© Persen Verlag, Buxtehude

Lerch/Müller/Sußmann/Stadler: Lernwerkstatt Auge, Ohr & Co.
© Persen Verlag, Buxtehude

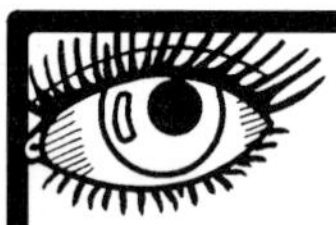

Station 13c
Ohne Licht geht es nicht

Das brauchst du:

- Glasschale mit Wasser
- 2 Bleistifte
- Arbeitsblatt
- Lösungskarte

Das ist deine Aufgabe:

1. Suche dir einen Partner an dieser Station.
2. Lest die Versuchsanleitung genau durch.
3. Schreibt eure Vermutung auf das Beobachtungsblatt.
4. Führt den Versuch durch.
5. Schreibt eure Beobachtungen auf.
6. Sucht eine Erklärung dafür und schreibt sie auf.
7. Kontrolliert jetzt mit dem Lösungsblatt.

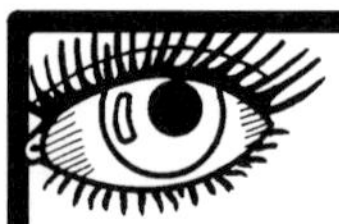

Station 13d
Ohne Licht geht es nicht

Das brauchst du:

- Taschenlampe
- Lupe
- schwarzes Papier an der Wand
- Arbeitsblatt
- Lösungskarte

Das ist deine Aufgabe:

1. Suche dir einen Partner an dieser Station.
2. Lest die Versuchsanleitung genau durch.
3. Schreibt eure Vermutung auf das Beobachtungsblatt.
4. Führt den Versuch durch.
5. Schreibt eure Beobachtungen auf.
6. Sucht eine Erklärung dafür und schreibt sie auf.
7. Kontrolliert jetzt mit dem Lösungsblatt.

Lerch/Müller/Suβmann/Stadler: Lernwerkstatt Auge, Ohr & Co.
© Persen Verlag, Buxtehude

Ohne Licht geht es nicht

1. Versuch

Versuchsanleitung:

1. Halte den Schlauch gerade. Dein Partner leuchtet von oben in den Schlauch hinein. Was werdet ihr auf dem Blatt sehen?
2. Biege nun den Schlauch zu einem U. Was werdet ihr jetzt auf dem Blatt sehen?

Das vermute ich:

Das habe ich beobachtet:

Meine Erklärung:

Ohne Licht geht es nicht

2. Versuch

Versuchsanleitung:

1. Stelle den Spiegel schräg ins Wasser.
2. Strahle den Teil unter Wasser mit der Taschenlampe an.
3. Dein Partner hält das Papier neben die Taschenlampe.
4. Was könnt ihr auf dem Papier erkennen?

Das vermute ich:

Das habe ich beobachtet:

Meine Erklärung:

Ohne Licht geht es nicht

Um etwas sehen zu können, muss die Umgebung hell sein. Dafür sorgen zum Beispiel Glühbirnen oder die Sonne.

Für unsere Augen hat Licht keine Farbe. Man nennt es auch weißes Licht.

Beobachtung: Auf dem Papier sind die **Regenbogenfarben** rot, gelb, grün, blau und violett zu sehen.

Erklärung: Das Licht der Taschenlampe wird vom Spiegel auf das Blatt umgeleitet. Durch das **Wasser** wird der **Lichtstrahl gebrochen**, das heißt, dass das Licht in seine **Farbbestandteile** zerlegt wird.
Das für unsere Augen farblose Licht ist zusammengesetzt aus rotem, gelbem, grünem, blauem und violettem Licht. Das sind die Farben des Regenbogens.

Jetzt kannst du dir auch sicher erklären, wann und warum wir einen Regenbogen sehen können!

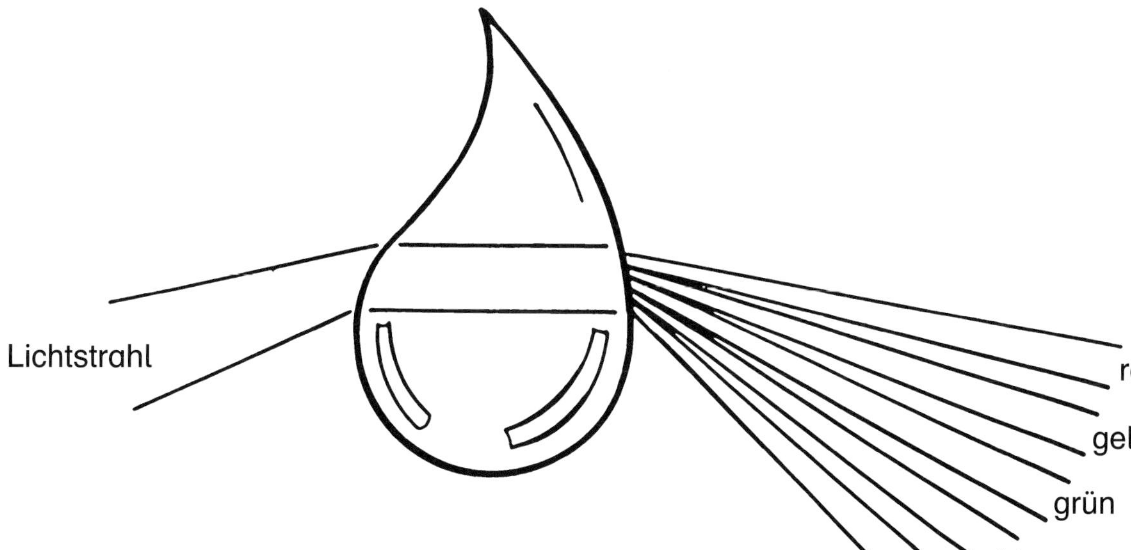

Ohne Licht geht es nicht

3. Versuch

Versuchsanleitung:

1. Stelle den Bleistift ins Wasserglas.
2. Betrachte ihn von vorne und von der Seite.
3. Halte den zweiten Bleistift daneben und vergleiche.

Das vermute ich:

Das habe ich beobachtet:

Wenn man von vorne ins Glas blickt, sieht der Bleistift im Wasser „dicker" aus, als über dem Wasser. Schaut man von der Seite ins Glas, sieht der Stift wie gebrochen aus.

Meine Erklärung:

Obwohl du den Stift dicker und abgebrochen siehst, ist er in Wirklichkeit noch ganz und gerade. Wenn Licht auf Wasser trifft, wird der Lichtstrahl abgelenkt. Man sagt dazu „gebrochen". Durch diese Ablenkung verändert sich das Bild, das du siehst.

Ohne Licht geht es nicht

4. Versuch

Versuchsanleitung:

1. Leuchtet das schwarze Papier an der Wand mit der Taschenlampe an.
2. Was siehst du auf dem Papier, wenn du dazu 6 große Schritte von der Wand entfernt bist?
3. Was siehst du auf dem Papier, wenn du dicht vor der Wand durch die Lupe leuchtest?

Das vermute ich:

Das habe ich beobachtet:

Wenn du aus einiger Entfernung das schwarze Papier anleuchtest, ist es ganz hell. Stellst du dich direkt davor und leuchtest durch die Lupe, so ist nur ein ganz winziger Punkt auf dem Papier hell zu sehen.

Meine Erklärung:

Mit der Lupe wird das Licht gebündelt, das heißt, alle einfallenden Lichtstrahlen der Taschenlampe werden auf einen Punkt der Wand gelenkt. Aus einiger Entfernung werden die Lichtstrahlen aber gestreut. Das bedeutet, dass sich der Lichtkegel vergrößert.

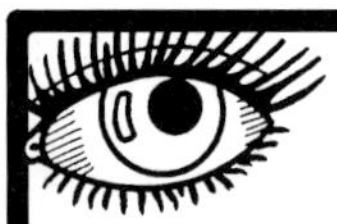

Station 14
Spieglein, Spieglein …

Das brauchst du:

- Mäppchen
- mehrere Spiegel
- Klebeband
- großes Buch als Sichtschutz
- Arbeitsblatt
- Lösungskarte
- Infokarte

Das ist deine Aufgabe:

1. Bearbeite die Spiegelspiele **1–3** auf dem Arbeitsblatt allein.
2. Unterhalte dich über deine Erfahrungen mit deinem Partner.
3. Kontrolliert jetzt mit dem Lösungskarte.
4. Weiteres Wissenswertes kannst du auf der Infokarte nachlesen!

Auge Station 14 Lösungskarte

Spieglein, Spieglein …

Spiegelspiel 1: Gespiegelte Buchstaben

P	q	b	P	q
	[x]	[ ]	[ ]	[ ]

Spiegelspiel 2: Geheimschrift

HALLO TOM!

GEHEIMES TREFFEN UM 7 UHR
AN DER DICKEN EICHE.

BRINGE DEINEN TEIL DER
SCHATZKARTE MIT.

LAURA

Spiegelspiel 3: Spiegelbuch

Je **enger** du die beiden Spiegel zusammenstellst, **desto öfter** siehst du deinen Radiergummi.

Spieglein, Spieglein ...

Spiegelspiel 1: Gespiegelte Buchstaben

Überlege, welcher Buchstabe richtig gespiegelt ist, und kreuze an. Überprüfe nun mit dem Spiegel und zeichne das Spiegelbild richtig ins letzte Kästchen.

P	ꟼ	b	P	
	☐	☐	☐	

Spiegelspiel 2: Geheimschrift

Versuche die geheime Botschaft mit dem Spiegel zu lesen.

HALLO TOM!

GEHEIMES TREFFEN UM 7 UHR
AN DER DICKEN EICHE.

BRINGE DEINEN TEIL DER
SCHATZKARTE MIT.

LAURA

Kannst du selbst Geheimbotschaften in Spiegelschrift schreiben?

Spiegelspiel 3: Spiegelbuch

Klebe zwei Spiegel an der Kante zusammen und lege deinen Radiergummi in die Mitte. Was stellst du fest, wenn du das Spiegelbuch veränderst? Stelle es enger und weiter auseinander.

Spieglein, Spieglein ...

Licht kannst du dir wie eine **gerade Linie** vorstellen. Stößt es auf einen Gegenstand, so ist der Weg beendet.

Anders ist es bei einem Spiegel. Die spezielle Spiegelschicht **reflektiert** das Licht. Das bedeutet, dass der Weg des Lichts **umgelenkt** wird.

Stehst du also vor einem Spiegel, so siehst du dich noch einmal genauso weit weg und gleich groß. Dabei wird aber vorne und hinten vertauscht, was man „**gespiegelt**" nennt.

Deine rechte Hand schaut damit wie deine linke Hand aus!
Das bedeutet, dass du bei dem Blick in den Spiegel „mitdenken" musst.

Auch in der **Natur** kommt es zu Spiegelbildern. Denke nur an einen **ruhigen See**. Im Wasser können sich der Himmel und Pflanzen spiegeln.

Spiegel kommen im Alltag nicht nur im Badezimmer vor. Sie werden auch im **Straßenverkehr** eingesetzt. So kann ein Autofahrer zum Beispiel Dinge neben sich sehen und über den Spiegel auch nach hinten blicken. Somit erweitert der Spiegel also das Sichtfeld.

Doch einen Bereich kann man immer noch nicht einsehen. Dieser wird **„Toter Winkel"** genannt. Wer sich seitlich hinter einem Fahrzeug befindet, kann über den Spiegel nicht gesehen werden. Dies ist sehr **gefährlich**, da so oft Unfälle passieren, denn der Fahrer nimmt dich nicht wahr und fährt womöglich ohne anzuhalten um die Kurve.

Was noch wichtig wäre:

1. Suche im Internet nach dem Begriff „Toter Winkel" und lass dir die Bilder anzeigen.

Station 1
Bau des Ohres

Das brauchst du:

- Lesetext
- Bleistift und Lineal
- Modell vom Ohr
- Wortkarten „Die Teile des Ohres“
- transparentes Klebeband
- AB: So ist mein Ohr aufgebaut.
- Lösungskarte

Das ist deine Aufgabe:

1. Suche dir einen Partner an dieser Station.
2. Lies den Text allein und unterstreicht die einzelnen Teile des Außen-, Mittel- und Innenohres.
3. Baut das Modell vorsichtig auseinander.
4. Nehmt nun die Wortkarten aus dem Briefumschlag und klebt oder legt sie zu den entsprechenden Teilen des Ohres.
5. Erklärt euch gegenseitig, wie das Ohr aufgebaut ist.
6. Füllt nun das Arbeitsblatt aus.
7. Kontrolliert mit der Lösungskarte.
8. Hast du Klebeband benutzt, so entferne es vom Modell.

Ohr Station 1 Wortkarten

Außenohr	**Mittelohr**	**Innenohr**	*Steigbügel*
Bogengänge	*Ohrmuschel*	*Gehörgang*	*Trommelfell*
Schnecke	*drei Gehörknöchelchen*	*Hammer*	*Amboss*
Hörnerv			

→ Aufkleber für Briefumschläge oder Plastikschachteln.

Station 1
Bau des Ohres

Wortkarten
„Die Teile des Ohres“

Station 1
Bau des Ohres

Wortkarten
„Die Teile des Ohres“

So ist mein Ohr aufgebaut.

Hier siehst du, wo sich
dein Ohr im Kopf befindet!

Weißt du eigentlich, wie groß dein Ohr wirklich ist?
Was du sehen kannst, ist nur der äußere Teil des Ohres (**Außenohr**). Dieser wird *Ohrmuschel* genannt und funktioniert wie ein Trichter, der die Schallwellen in der Luft auffängt. Diese Schallwellen werden in den *Gehörgang* weitergeleitet, der im Inneren des Kopfes ist. Damit kein feiner Schmutz ins Ohr gelangen kann, haben wir dort kleine Härchen und durch Ohrenschmalz wird der Gang sauber gehalten. Am Ende des Gehörgangs befindet sich ein dünnes, gespanntes Häutchen, das *Trommelfell* genannt wird.

Das Trommelfell gerät durch den Aufprall der Schallwellen ins Schwingen und gibt diese Bewegungen weiter an die *3 Gehörknöchelchen* im **Mittelohr**. Weil sie einem *Hammer*, einem *Amboss* und einem *Steigbügel* ähnlich sehen, hat man sie so benannt. Sie verstärken den Schall und leiten ihn weiter zur *Schnecke* im **Innenohr**.

Die Schnecke wandelt die Schwingungen in Signale um, welche über den *Hörnerv* beim Gehirn ankommen. Nun kannst du die Geräusche hören. Ob wir wach sind oder schlafen, unser Ohr ist immer dienstbereit.

Aber dein Ohr kann mehr als nur hören.
Im Innenohr hast du *3 Bogengänge*, die du brauchst um deine Bewegungen wahrzunehmen und das Gleichgewicht zu halten.

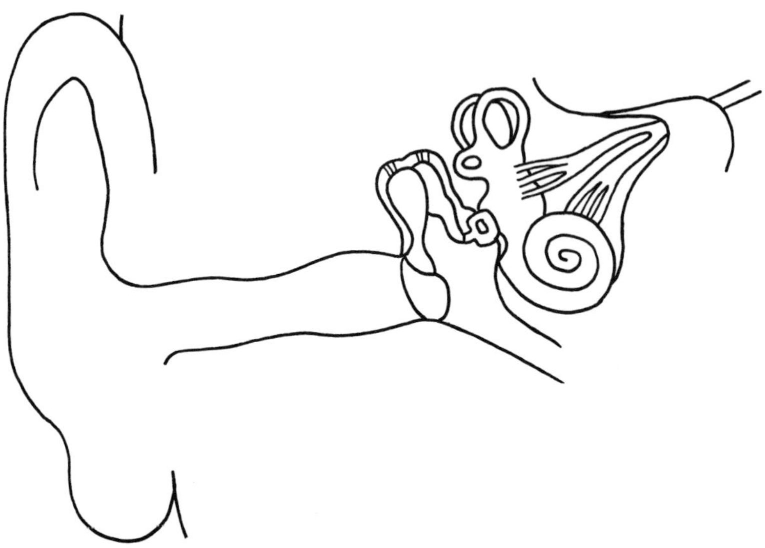

So ist mein Ohr aufgebaut!

Du hast den Text genau gelesen, dann kennst du dich sicher gut aus.
Beschrifte die Teile des Ohres.

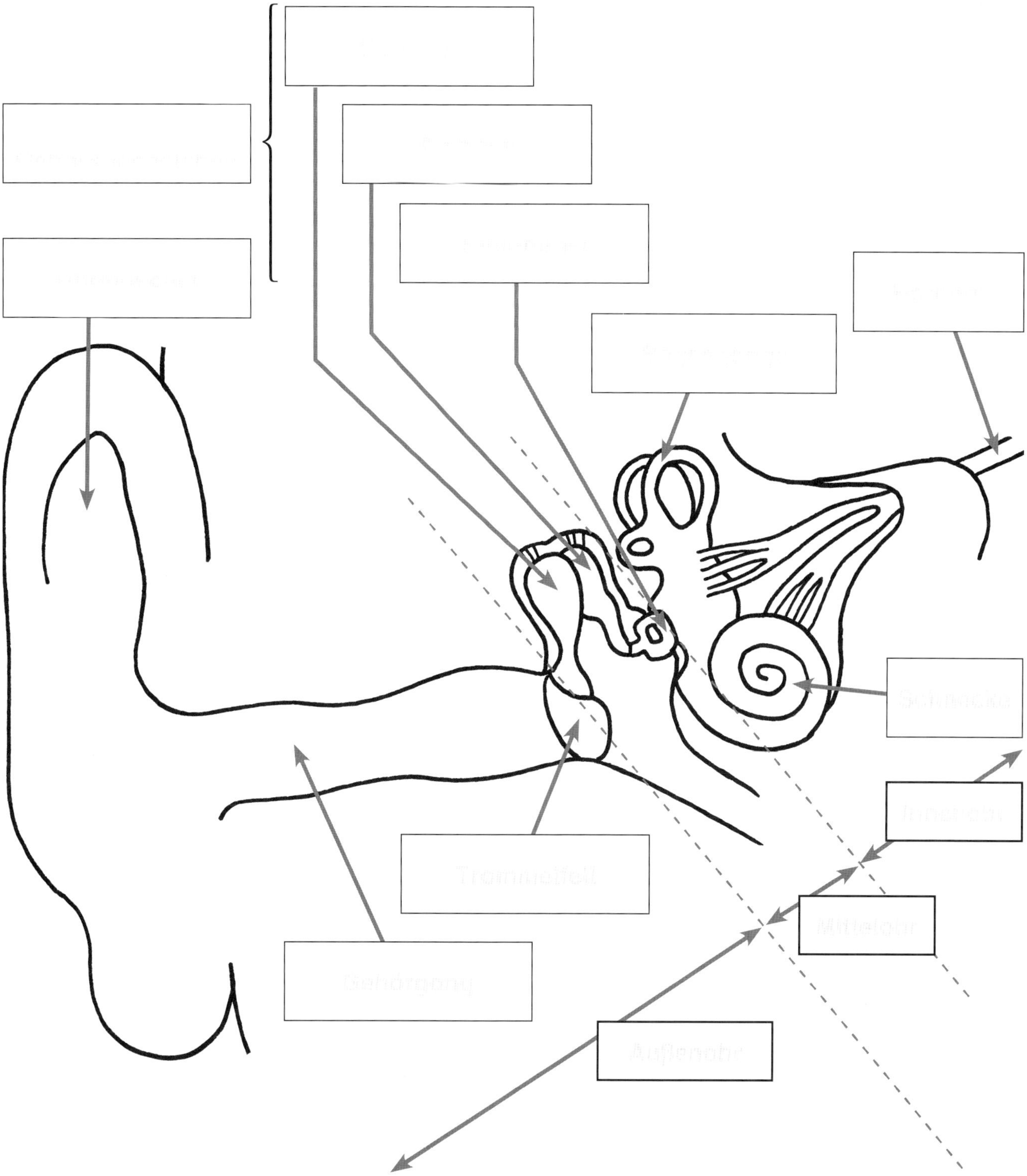

Station 2a
Was können deine Ohren hören?

Das brauchst du:

- Instrumente: Triangel, Klanghölzer, Glockenspiel, Trommel
- Beobachtungsblatt
- Lösungskarte

Das ist deine Aufgabe:

1. Bringt jedes Instrument einmal zum Klingen.
2. Jedes Instrument klingt unterschiedlich lang.
   Ordnet in der richtigen Reihenfolge von kurz nach lang.
3. Beobachtet die Tondauer. Was müssen Ohren hier können?
4. Halte euer Ergebnis auf dem Beobachtungsblatt fest.
5. Kontrolliert mit der Lösungskarte.

Lösung Station 2a
Was können deine Ohren hören?

Reihenfolge der Instrumente von kurz nach lang klingend:
Klanghölzer → Trommel → Glockenspiel → Triangel

Das konnte ich beobachten:
Meine Ohren können **lange und kurze** Töne unterscheiden.

Was noch interessant ist:
Bei einem Ton verlaufen die Schallwellen regelmäßig,
bei einem Geräusch schwingen sie unregelmäßig.
Ein Geräusch, das lange andauert, bringt die Luft länger in Schwingungen als ein kurzes. Dadurch wird unser Trommelfell über einen längeren Zeitraum hin angeregt. Das Geräusch wird als lang andauernd gehört.

Lerch/Müller/Sußmann/Stadler: Lernwerkstatt Auge, Ohr & Co.
© Persen Verlag, Buxtehude

Lerch/Müller/Sußmann/Stadler: Lernwerkstatt Auge, Ohr & Co.
© Persen Verlag, Buxtehude

Station 2b
Was können deine Ohren hören?

Das brauchst du:

- 5 gleiche Flaschen mit unterschiedlichem Wasserstand
- einen Schlägel
- Beobachtungsblatt
- Lösungskarte

Das ist deine Aufgabe:

1. Schlage mit dem Schlägel vorsichtig die Flaschen an.
2. Überlegt, was ihr hört und ordnet die Flaschen.
3. Halte dein Ergebnis auf dem Beobachtungsblatt fest.
4. Überlege und schreibe auf, was deine Ohren an dieser Station können müssen.
5. Stellt die Flaschen wieder ungeordnet auf.
6. Kontrolliert mit der Lösungskarte.

Lösung Station 2b
Was können deine Ohren hören?

Ordnung der Flaschen
Je höher der Wasserstand in der Flasche,
desto tiefer ist der Ton, den du beim Anschlagen hörst.

Das konnte ich beobachten:
Meine Ohren können **hohe und tiefe Töne** unterscheiden.

Erklärung:
Beim Anschlagen des Wassers in der Flasche wird das Glas und mit ihm das Wasser zum Schwingen gebracht. Je mehr Wasser in der Flasche ist, desto gröβer ist die Menge an Wasser, die schwingt, und umso langsamer schwingt es. Der Ton wird tiefer.

Lerch/Müller/Suβmann/Stadler: Lernwerkstatt Auge, Ohr & Co.
© Persen Verlag, Buxtehude

Station 2c
Was können deine Ohren hören?

Das brauchst du:

- eine Feder, einen Chip, eine Trommel
- Beobachtungsblatt
- Lösungskarte

Das ist deine Aufgabe:

1. Stell mit den drei Dingen Geräusche her.
2. Schnipse danach mit dem Finger.
3. Dann sollst du einmal husten.
4. Versucht nun diese 5 Geräusche der Lautstärke nach zu ordnen.
5. Trage deine Ergebnisse in den Beobachtungsbogen ein.
6. Überleg dir nun, was dein Ohr an dieser Station können muss.
7. Schreibe deine Beobachtung auf.
8. Kontrolliert mit der Lösungskarte.

Lösung Station 2c
Was können deine Ohren hören?

Es kommt immer etwas darauf an, wie laut du auf die Trommel geschlagen hast oder wie laut du gehustet hast. Dennoch müsstest du folgende Reihenfolge von leise nach laut herausgefunden haben:

Feder → Chip → schnipsen → husten → Trommel

Deine Ohren mussten an dieser Station **laute und leise** Geräusche unterscheiden.

Was noch interessant ist:
Die Lautstärke wird in Dezibel (dB) gemessen. Die Feder erreicht ungefähr einen Lautstärkewert von 5 dB, die Musik in einer Disco erreicht 120 dB.

Lerch/Müller/Sußmann/Stadler: Lernwerkstatt Auge, Ohr & Co.
© Persen Verlag, Buxtehude

Station 2d
Was können deine Ohren hören?

Das brauchst du:

- Rassel
- Tuch zum Verbinden der Augen
- Beobachtungsblatt
- Lösungskarte

Das ist deine Aufgabe:

1. Einer von euch bekommt die Augen verbunden und stellt sich am Startpunkt auf.
2. Der Partner nimmt die Rasseln.
3. Der Schüler mit den Rasseln rasselt entweder an Punkt 1, 2 oder 3.
4. Errät der Schüler mit den verbundenen Augen die passende Zahl, an der gerasselt wird?
5. Tauscht die Rollen.
6. Schreibt auf, was eure Ohren an dieser Station können müssen.
7. Kontrolliert mit der Lösungskarte.

Lösung Station 2d
Was können deine Ohren hören?

An dieser Station können deine Ohren erkennen, **wie weit** ein Geräusch **entfernt** ist.

Was noch interessant ist:
Das Hören von **Entfernungen** fällt dem Menschen recht schwer. Vor allem bei entfernteren Geräuschen braucht er zusätzliche Hinweise.

Lerch/Müller/Suβmann/Stadler: Lernwerkstatt Auge, Ohr & Co.
© Persen Verlag, Buxtehude

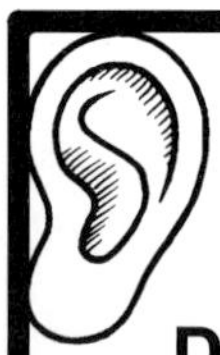

Station 2e
Was können deine Ohren hören?

Das brauchst du:

- Klanghölzer oder Nussschalen
- Tuch zum Verbinden der Augen
- Beobachtungsblatt
- Lösungskarte

Das ist deine Aufgabe:

1. Für diese Station müsst ihr das Klassenzimmer verlassen. Fragt eure Lehrerin, wohin ihr gehen dürft.
2. Einer von euch bekommt die Augen verbunden.
3. Der Partner macht nun aus verschiedenen Richtungen Töne mit den Klanghölzern.
4. Das Kind mit den verbundenen Augen muss nun in die Richtung zeigen, aus der der Ton kam.
5. Tauscht die Rollen.
6. Schreibt in euren Beobachtungsbogen, was die Ohren an dieser Station können müssen.
7. Kontrolliert mit der Lösungskarte.

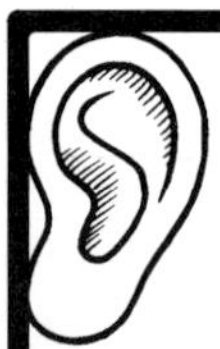

Lösung Station 2e
Was können deine Ohren hören?

Deine Ohren müssen an dieser Station erkennen, aus welcher **Richtung** ein Geräusch oder ein Ton kommt.

Was noch interessant ist:
Das Bestimmen von Richtungen bei Geräuschen und Tönen ist nur dadurch möglich, dass wir zwei Ohren besitzen.
Kommt ein Geräusch beispielsweise von rechts, dann kommen die Schallwellen am rechten Ohr früher an als am linken. Dadurch können wir die jeweilige Richtung dem Geräusch zuordnen.

Was meine Ohren alles können

Station 2a) Meine Beobachtung:

____

____

Meine Ohren unterscheiden an dieser Station

______________ und ______________ Töne.

Station 2b) Meine Beobachtung:

____

____

Meine Ohren unterscheiden an dieser Station

______________ und ______________ Töne.

Station 2c) Meine Beobachtung:

____

____

Meine Ohren unterscheiden an dieser Station

______________ und ______________ Geräusche.

Station 2d) Das müssen meine Ohren an dieser Station können:

____

____

Station 2e) Das müssen meine Ohren an dieser Station können:

____

____

Station 3a
Wie funktioniert unser Ohr?

Das brauchst du:

- Papprohr, Frischhaltefolie, Reiskörner, Gummi
- Beobachtungsblatt mit Versuchsanleitung
- Lösungskarte

Das ist deine Aufgabe:

1. Suche dir einen Partner an dieser Station.
2. Lest euch die Versuchsanleitung genau durch.
3. Schreibt eure Vermutung auf das Beobachtungsblatt.
4. Führt den Versuch, so wie er beschrieben ist, durch.
5. Schreibt eure Beobachtung auf.
6. Sucht eine Erklärung dafür und schreibt sie auf.
7. Kontrolliert jetzt mit der Lösungskarte.

Du musst jetzt bei Station 3b weiterarbeiten.

Lösung Station 3a
Wie funktioniert unser Ohr?

Schallwellen breiten sich aus

Wenn du in das Papprohr hinein sprichst, sendest du Schallwellen aus und bringst die Luft zum Schwingen. Diese Schwingungen übertragen sich auf die Frischhaltefolie. Die Frischhaltefolie beginnt dann zu vibrieren und lässt die Reiskörner „tanzen".

Dasselbe passiert mit deinem Trommelfell. Das Trommelfell schwingt und leitet die Schwingungen an dein Gehirn weiter.

Station 3b
Wie funktioniert unser Ohr?

Das brauchst du:

- Trichter
- Beobachtungsblatt mit Versuchsanleitung
- Lösungskarte

Das ist deine Aufgabe:

1. Suche dir einen Partner an dieser Station.
2. Lest euch die Versuchsanleitung genau durch.
3. Schreibt eure Vermutung auf das Beobachtungsblatt.
4. Führt den Versuch, so wie er beschrieben ist, durch.
5. Schreibt eure Beobachtung auf.
6. Sucht eine Erklärung dafür und schreibt sie auf.
7. Kontrolliert jetzt mit dem Lösungsblatt.

Lösung Station 3b
Wie funktioniert unser Ohr?

Schallwellen kann man bündeln

Schallwellen breiten sich immer in alle Richtungen aus. Schallwellen kann man jedoch auch in eine Richtung lenken.

Mit einem Trichter kannst du die Schallwellen in eine Richtung bündeln. Geräusche sind so besser zu hören. Dasselbe machen wir, wenn wir uns die Hand ans Ohr halten. Wir vergrößern die „Auffangfläche“, sodass wir mehr Schallwellen zu unserem Ohr leiten. Das bewirkt, dass wir lauter hören.

Lerch/Müller/Sußmann/Stadler: Lernwerkstatt Auge, Ohr & Co.
© Persen Verlag, Buxtehude

1. Versuch

Versuchsanleitung:

1. Halte die Papprolle so über deinen Partner, wie du es auf dem Bild siehst.
2. Streue oben auf die Frischhaltefolie ein paar Reiskörner.
3. Dein Partner spricht in das Papprohr.

1. Das vermute ich:

______

______

______

2. Das habe ich beobachtet:

______

______

______

3. Das ist meine Erklärung:

______

______

______

2. Versuch

Versuchsanleitung:

1. Ein Partner spricht das Gedicht.
2. Der andere Partner hört das Gedicht.
   a) Du hörst ohne Trichter zu.
   b) Du hältst dir den Trichter an dein Ohr.

Gedicht:
Die Gedanken sind frei, wer kann sie erraten?
Sie rauschen vorbei wie nächtliche Schatten.
Kein Mensch kann sie wissen, kein Jäger sie schießen.
Es bleibet dabei: Die Gedanken sind frei.
Unbekannter Verfasser

1. Das vermute ich:

____

____

____

2. Das habe ich beobachtet:

____

____

____

3. Das ist meine Erklärung:

____

____

____

Station 4
Wie entsteht Schall?

Das brauchst du:

- Glas mit Wasser
- Stimmgabel
- Beobachtungsblatt
- Lösungskarte
- Infokarte

Das ist deine Aufgabe:

1. Überlegt: Was könnte passieren, wenn ihr die Stimmgabel anschlagt und sie dann in das Glas mit Wasser taucht?
2. Tragt eure Vermutung in das Beobachtungsblatt ein.
3. Führt den Versuch durch: Schlagt nun die Stimmgabel an und taucht sie in das Glas mit Wasser. Beobachtet genau, was passiert.
4. Füllt nun das Beobachtungsblatt aus.
5. Überprüft eure Ergebnisse mit der Lösungskarte.
6. Auf der Infokarte könnt ihr noch mehr darüber erfahren.

Lösung Station 4
Wie entsteht Schall?

Beobachtung:

Im Wasser sind für kurze Zeit kleine Wellen zu sehen.

Erklärung:

Der leise Ton, den du hörst, wird durch die Schwingung der Stimmgabel erzeugt. Diese Schwingungen kann man im Wasser sichtbar machen.
Du hast damit bewiesen, dass eine Stimmgabel in Schwingung gebracht werden muss, damit ein Ton entsteht. Diesen Ton nennt man auch Schall. Der Schall breitet sich in Wellenform aus.
Das Gleiche passiert auch an der Luft. Ein Ton schwingt in der Luft und gelangt so in unser Ohr.

Lerch/Müller/Sußmann/Stadler: Lernwerkstatt Auge, Ohr & Co.
© Persen Verlag, Buxtehude

Lerch/Müller/Sußmann/Stadler: Lernwerkstatt Auge, Ohr & Co.
© Persen Verlag, Buxtehude

Wie entsteht Schall?

Schall entsteht:

Wenn du die Stimmgabel anschlägst, hörst du einen leisen Ton.
Durch das Anschlagen schwingt die Stimmgabel schnell und gleichmäßig. Diese Schwingung kann man im Wasser sichtbar machen.
Wenn du also die Stimmgabel ins Wasser tauchst, kann man kleine Wellen erkennen.

Du hast damit bewiesen, dass etwas (z. B. eine Stimmgabel oder unsere Stimmbänder) in Schwingung gebracht werden muss, damit Schall entsteht. In Wellenform breitet sich dieser Schall dann aus. In der Luft werden diese Schwingungen übertragen und dringen in unser Ohr. Diese Schwingungen entstehen bei jedem Geräusch, das erzeugt wird.
Man nennt sie Schallwellen.

Und so hörst du:

Die Schallwellen bewegen sich in der Luft an unser Ohr. Unsere Ohrmuschel fängt den Schall auf. Durch den Gehörgang gelangt der Schall zum Trommelfell.
Nun wird das Trommelfell durch die Schallwellen in Schwingung versetzt.
Vom Trommelfell wird die Schwingung an die anliegenden Gehörknöchelchen (Hammer, Amboss und Steigbügel) weitergegeben und sogar noch verstärkt.
In den Windungen der Schnecke werden die Schallwellen in Signale umgewandelt, die der Hörnerv an das Gehirn weiterleitet. Erst jetzt kannst du verstehen, was deine Ohrmuschel aufgenommen hat.

Wie entsteht Schall?

1. Das vermute ich:

2. Das habe ich beobachtet:

3. Das ist meine Erklärung:

Station 5
Wie gut höre ich?

Das brauchst du:

- Aufnahme mit Geräuschen und Abspielgerät
- Kopfhörer
- Arbeitsblatt
- Bleistift
- Lösungskarte

Das ist deine Aufgabe:

1. Nimm die Tabelle zur Hand und lies sie dir aufmerksam durch.
2. Wenn du gleich die Geräusche hörst, sollst du deine Beobachtungen zu jedem Geräusch in der Tabelle eintragen.
3. Trage nach jedem Geräusch ein, was du vermutlich gehört hast und ob es für dich angenehm oder unangenehm war.
4. Falls es dir zu schnell ging, kannst du die Aufnahme noch einmal anhören.
5. Lege nun die Aufnahme ein, setze den Kopfhörer auf und schalte das Abspielgerät an.
6. Kontrolliere mit der Lösungskarte.

Lösung Station 5
Wie gut höre ich?

Geräusch 1: Radiowecker
Geräusch 2: Hahn
Geräusch 3: Presslufthammer
Geräusch 4: Tropfender Wasserhahn
Geräusch 5: Treppen hinauf und hinunter laufen
Geräusch 6: Vogelgezwitscher
Geräusch 7: Gurgeln
Geräusch 8: Verkehrslärm
Geräusch 9: Tischtennis
Geräusch 10: Reiβverschluss

Kennst du das Geräusch?

Nr.	Was könnte das sein?	Das Geräusch ist angenehm.	Das Geräusch ist unangenehm.	erkannt
1				
2				
3				
4				
5				
6				
7				
8				
9				
10				

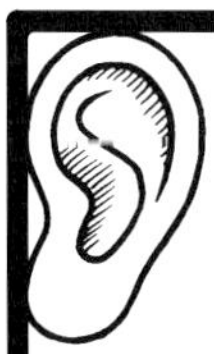

Station 6
Was kannst du über deine Ohren erzählen?

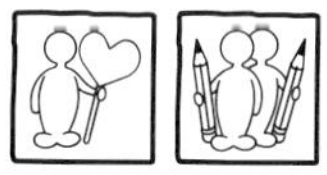

Das brauchst du:

- Wortkarten mit Redewendungen und Erklärungen
- weißes Papier

Das ist deine Aufgabe:

1. Suche dir einen Partner an dieser Station.
2. Wählt euch eine Wortkarte mit einer Redewendung aus.
3. Überlegt gemeinsam: Was könnte diese Redewendung bedeuten?
4. Vergleicht eure Vermutung mit der Lösung auf der Rückseite.
5. Arbeite nun allein.
6. Gestalte ein Blatt mit Redensarten, die dir wichtig sind.

Ohr Station 6 Wortkarten mit Lösungen für die Rückseite

die Wände haben Ohren	Man hat das Gefühl, dass jemand lauscht.
tauben Ohren predigen	Jemand wird immer wieder in der gleichen Sache ermahnt; aber es nützt nichts.
es faustdick hinter den Ohren haben	Jemand sieht nicht danach aus, aber er ist ein pfiffiger, gerissener und raffinierter Mensch.
jemandem klingeln die Ohren	Über jemanden wird etwas Gutes erzählt. Er freut sich darüber. Komplimente hört man gern.
ein offenes Ohr haben	Man interessiert sich auch für die Sorgen und Wünsche von anderen, ist hilfsbereit und kümmert sich um sie.
noch nicht trocken sein hinter den Ohren	Man sagt jemandem, dass er noch nicht mitreden kann, weil er zu jung und unerfahren ist.
jemandem mit etwas in den Ohren liegen	Jemand wird immer wieder mit der gleichen Bitte belästigt.
auf einem Ohr taub sein	Immer, wenn es um eine bestimmte Sache geht, tut man so, als ob man es nicht hört.
ein Ohrenschmaus	Man hört etwas, das einem gefällt und gut tut. Ein schönes Konzert kann zum Beispiel ein besonderer Genuss sein.

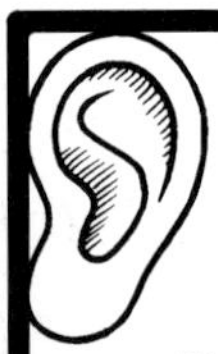

Station 7
Redensarten gestalten

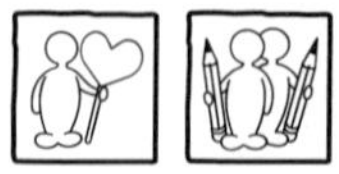

Das brauchst du:

- Wortkarten mit Redensarten
- weißes Papier
- Bleistift und Holzstifte

Das ist deine Aufgabe:

1. Wähle dir eine Wortkarte mit einer Redensart aus.
2. Lies dir die Redensart aufmerksam durch.
3. Male eine Skizze zu dieser Redensart. Schreibe die Redensart dazu.
4. Bearbeite eine weitere Wortkarte ebenso.

Ohr Station 7 Wortkarten

sich aufs Ohr legen	sich etwas hinter die Ohren schreiben
auf den Ohren sitzen	einen Ohrwurm haben
die Ohren auf Durchzug stellen	jemandem die Ohren lang ziehen
etwas zum einen Ohr rein- und zum anderen wieder rauslassen	die Ohren steif halten
mit halbem Ohr zuhören	ein Schlitzohr sein
die Ohren spitzen	jemandem in den Ohren liegen
jemanden übers Ohr hauen	jemandem ein Ohr schenken
Bohnen in den Ohren haben	

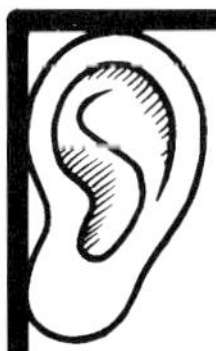

Station 8
Gefahren durch Lärm

Das brauchst du:

- Lesetext
- Sachkundebücher, Internet

Das ist deine Aufgabe:

1. Lies den Text auf dem Arbeitsblatt.
2. Suche in den Sachkundebüchern oder im Internet nach Informationen über die **Gefahren des Lärms** für die Menschen und den **Lärmschutz**.
3. Erstelle selbst eine Seite für dein Portfolio zu den Themen **„Lärm ist gefährlich“** und **„So schützen wir uns vor Lärm“**. Du kannst die Seite auch mit selbst gemalten oder gesammelten Bildern ausgestalten.

Lerch/Müller/Sußmann/Stadler: Lernwerkstatt Auge, Ohr & Co.
© Persen Verlag, Buxtehude

Lärm macht krank

Stell dir vor, du siehst in die Sonne. Wenn es dir zu hell ist, schließt du einfach deine Augen. Stell dir vor, du bist einem ohrenbetäubendem Lärm ausgesetzt. Dein Ohr kannst du nicht so einfach verschließen.

Deshalb ist starker **Lärm eine große Gefahr für unsere Ohren**. Überall begegnet uns unvermeidbarer Lärm: auf der Straße, in der Schule, beim Musikhören und bei der Arbeit.
Alle Menschen empfinden Lärm anders.
Manche Menschen hören gerne laute Musik, andere empfinden sie als störend. Leute, die an stark befahrenen Straßen wohnen, stört der Lärm, andere hören diesen Lärm nicht mehr.

Es steht jedoch fest, dass **starker und ständiger Lärm schädlich werden kann**. Das kann zu **Gehörschäden** führen. Bei einigen Menschen verursacht ständiger Lärm auch **Schlafstörungen, Konzentrationsstörungen, Kopfschmerzen** und **Nervosität**. Andere Menschen sind dadurch **leicht reizbar** und **aggressiv**. Aus diesem Grund müssen wir vermeiden, ständigem Lärm ausgesetzt zu sein.

Lärmschutz

Wo es geht, müssen wir Lärm vermeiden. Das ist aber nicht immer möglich. Der Straßenlärm durch den Verkehr oder Bauarbeiter, die mit einem Presslufthammer arbeiten, verursachen Lärm, der sich nicht vermeiden lässt.

Es gibt verschiedene Möglichkeiten, wie man **sich gegen unerwünschten Lärm schützen** kann:

- Menschen, die mit lauten Maschinen arbeiten, tragen oft **Ohrenschützer** oder **Ohrstopfen**.
- Häuser, die an einer stark befahrenen Straße stehen, haben häufig **Schallschutzfenster**. Damit wird der Lärm gedämpft. Er dringt nicht so stark in die Wohnung ein.
- **Geschwindigkeitsbegrenzungen** auf stark befahrenen Straßen tragen zum Lärmschutz bei.
- Rechts und links von großen Straßen werden oft **Lärmschutzwände** gebaut. Damit wird der Autolärm für die Menschen, die in der Nähe dieser Straße wohnen, zurückgehalten.

Konzentrationsstörung: Man kann nicht mehr gut aufpassen und mit den Gedanken bei einer Sache bleiben.
Nervosität: Nervöse Menschen sind unruhig, leicht reizbar und sehr empfindlich.

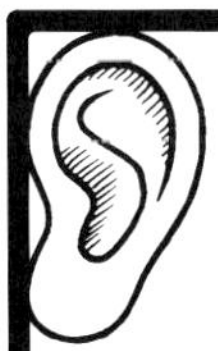

Station 9
Wie kann ich meine Ohren schützen?

Das brauchst du:

- Wortkarten und Bildkarten
- Arbeitsblatt

Das ist deine Aufgabe:

1. Ordne die Wortkarten den richtigen Bildkarten zu.
2. Kontrolliere auf der Rückseite, ob du richtig zugeordnet hast.
3. Trage die Regeln nun auf dem Arbeitsblatt ein.

→ Aufkleber für Briefumschläge oder Plastikschachteln, in denen Wort- und Bildkarten aufbewahrt werden können.

Station 9 Wie kann ich meine Ohren schützen? Wortkarten & Bildkarten	**Station 9 Wie kann ich meine Ohren schützen?** Wortkarten & Bildkarten

Wie kann ich meine Ohren schützen?

Jetzt weiβt du, wie du deine Ohren selbst schützen kannst. Schreibe die passende Regel neben jedes Bild.

Spitzer Gegenstand.

Dein Trommelfell kann durchstoßen werden.

Mütze aufsetzen.

Kälte und Zugluft können Ohrenschmerzen und Mittelohrentzündungen verursachen.

Musik aus dem MP3-Player.

Mit der Zeit kannst du dadurch schlechter hören.

Regelmäßig zum Ohrenarzt.

Der Ohrenarzt kann Hörschäden frühzeitig erkennen, indem er einen Hörtest macht.

Ohren mit einem Waschlappen reinigen.

Mit Wattestäbchen musst du vorsichtig umgehen. Du kannst dabei dein Ohr verletzen.

Schlag auf das Ohr.

Dein Trommelfell kann platzen.

Station 10
Sich in der Gehörlosensprache unterhalten

Das brauchst du:

- Lesetext: „Wie verständigen sich gehörlose Menschen?“
- Mütze (oder Stirnband) und 2 Stück Watte
- Arbeitsblatt
- Lösungskarte

Das ist deine Aufgabe:

1. Suche dir einen Partner für diese Station.
2. Lies den Lesetext genau.
3. Bearbeitet die Aufgaben auf dem Leseblatt.
4. Kontrolliert mit der Lösung.
5. Schaut euch das Fingeralphabet auf dem Arbeitsblatt genau an.
6. Bearbeitet die Aufgaben.
7. Kontrolliert mit der Lösung.
8. Unterhalte dich mit deinem Partner in der Gehörlosensprache.

Lösung Station 10
Sich in der Gehörlosensprache unterhalten

Der Satz heißt:

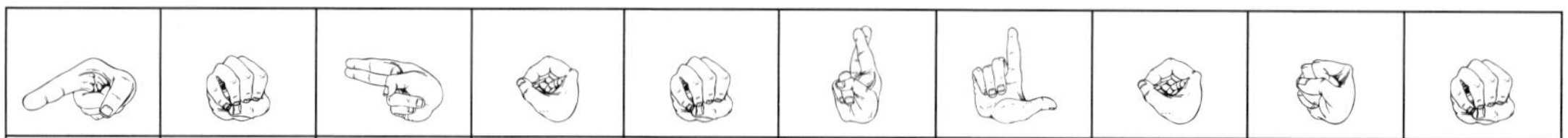

G	E	H	O	E	R	L	O	S	E

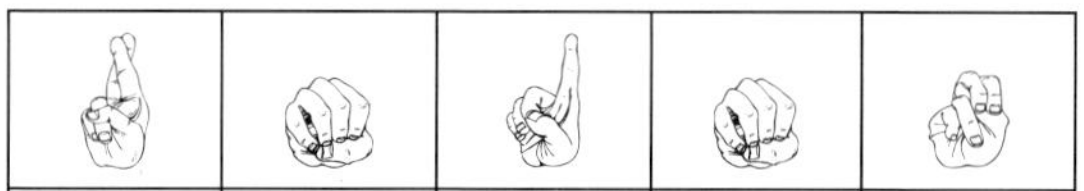

R	E	D	E	N

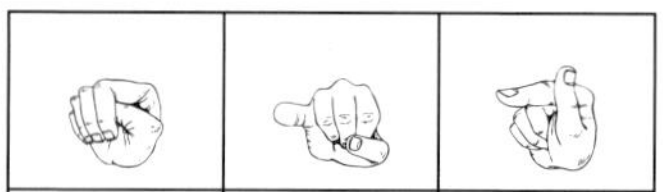

M	I	T

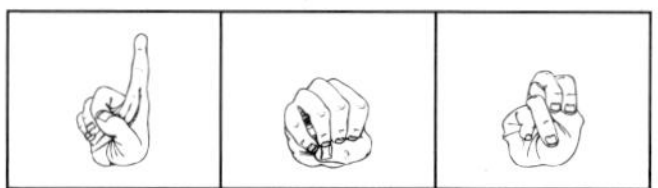

D	E	N

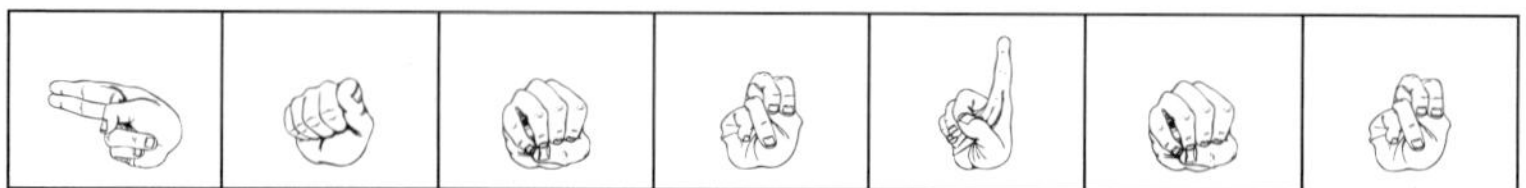

H	A	E	N	D	E	N

Sich in der Gehörlosensprache unterhalten

Gehörlose Menschen können weder sprechen noch hören. Daher müssen sie lernen, sich im Leben auf besondere Art und Weise auszudrücken.
In einer sogenannten Gehörlosenschule lernen gehörlose Menschen das Sprechen und Lesen. Eigens ausgebildete Lehrerinnen und Lehrer helfen ihnen dort, die verschiedenen Möglichkeiten der Verständigung zu erlernen. Tägliche Übungen und viel Geduld sind dafür äußerst wichtig.
Mit der Zeit lernen gehörlose Menschen, Wörter richtig von den Lippen anderer abzulesen. Dabei muss das Gegenüber sehr langsam und deutlich sprechen und nur kurze Sätze bilden. Auch muss man darauf achten, mit Gehörlosen Hochdeutsch und nicht Dialekt zu sprechen, da dies das Lippenlesen erschweren würde. Selbst erfundene Zeichen oder auch Mimik und Gestik sowie Bilder können die Verständigung untereinander erleichtern.
Die Gebärdensprache kann man nur sehen. Sie wird hauptsächlich mit Hilfe von Handzeichen „gesprochen", die weiterhin durch Mimik, Gestik und Körperhaltung unterstützt werden. Für viele Begriffe gibt es bestimmte Zeichenkombinationen. Es ist auch für hörende Menschen möglich, diese Sprache zu erlernen. Man kann sogar den Beruf des Gebärdensprachdolmetschers ausüben. Viele Gehörlose verständigen sich mit ihrer näheren Umwelt zusätzlich durch selbst erfundene Zeichen, die allen Beteiligten bekannt sind. Bei der Gebärdensprache ist es möglich, auch im Dialekt miteinander zu kommunizieren.
Das Fingeralphabet wird auch als Fingersprache bezeichnet. Hier gibt es für jeden Buchstaben ein genaues Fingerzeichen. So kann man einzelne Wörter oder Namen, für die es noch keine eigene Gebärde gibt, buchstabieren. Mittlerweile hat sich das internationale Einhand-Fingeralphabet durchgesetzt, das auf der ganzen Welt verbreitet ist und daher von allen gehörlosen Menschen verstanden werden kann.

Deine Aufgaben:

1. Unterstreiche **grün**, wie gehörlose Menschen das Sprechen lernen.
2. Unterstreiche **blau**, wie Gehörlose erkennen, was andere ihnen sagen wollen.
3. Unterstreiche **rot**, wie Gehörlose sich verständlich machen können.
4. Probiere aus, wie es ist, wenn man nichts hören kann. Stopf dir vorsichtig Watte in die Ohren (nicht zu kleine Stücke.). Setz dir deine Mütze darüber auf. Schreibe deine Empfindungen hier auf.

Das Internationale Fingeralphabet

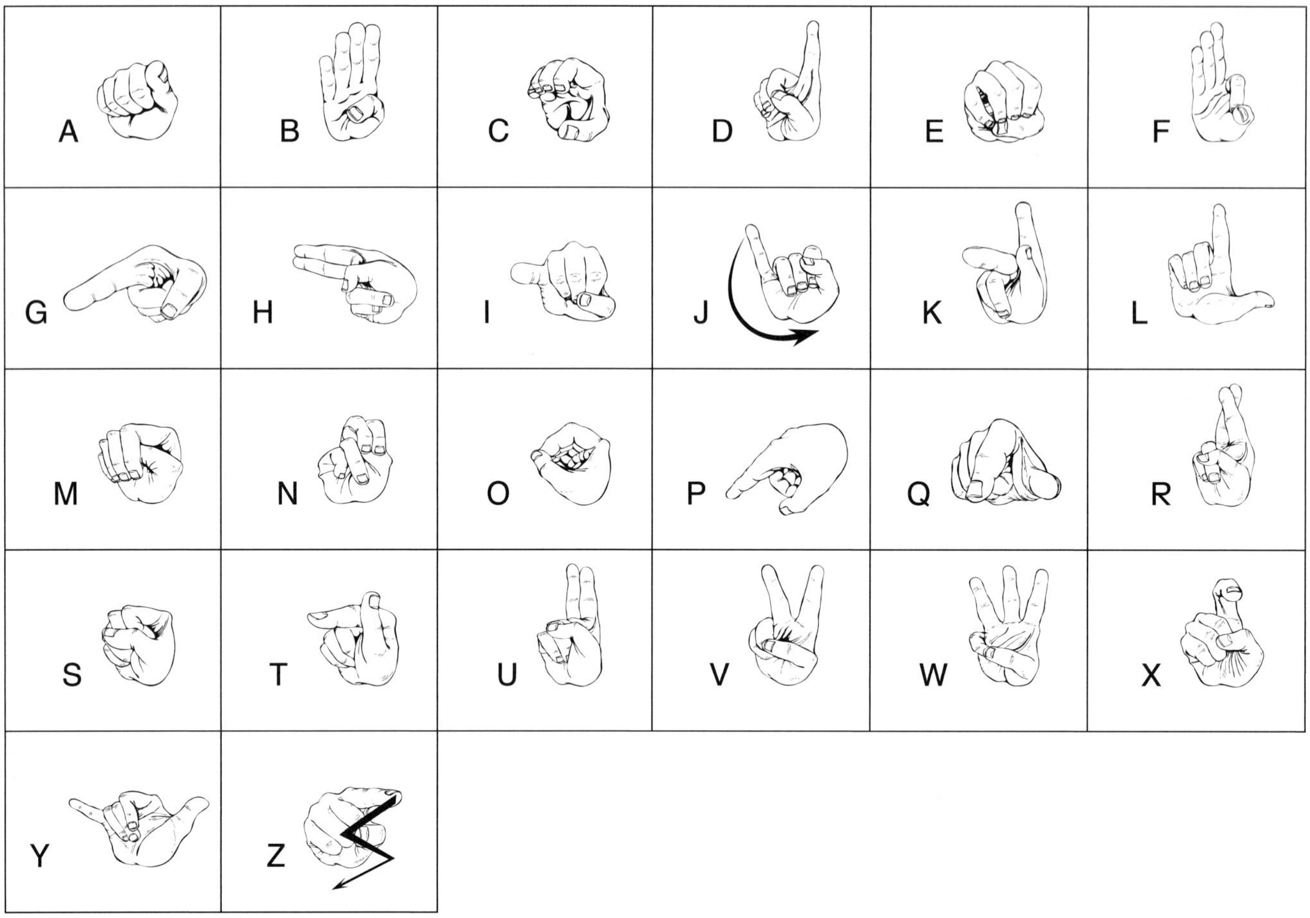

Wie heißt der Satz?

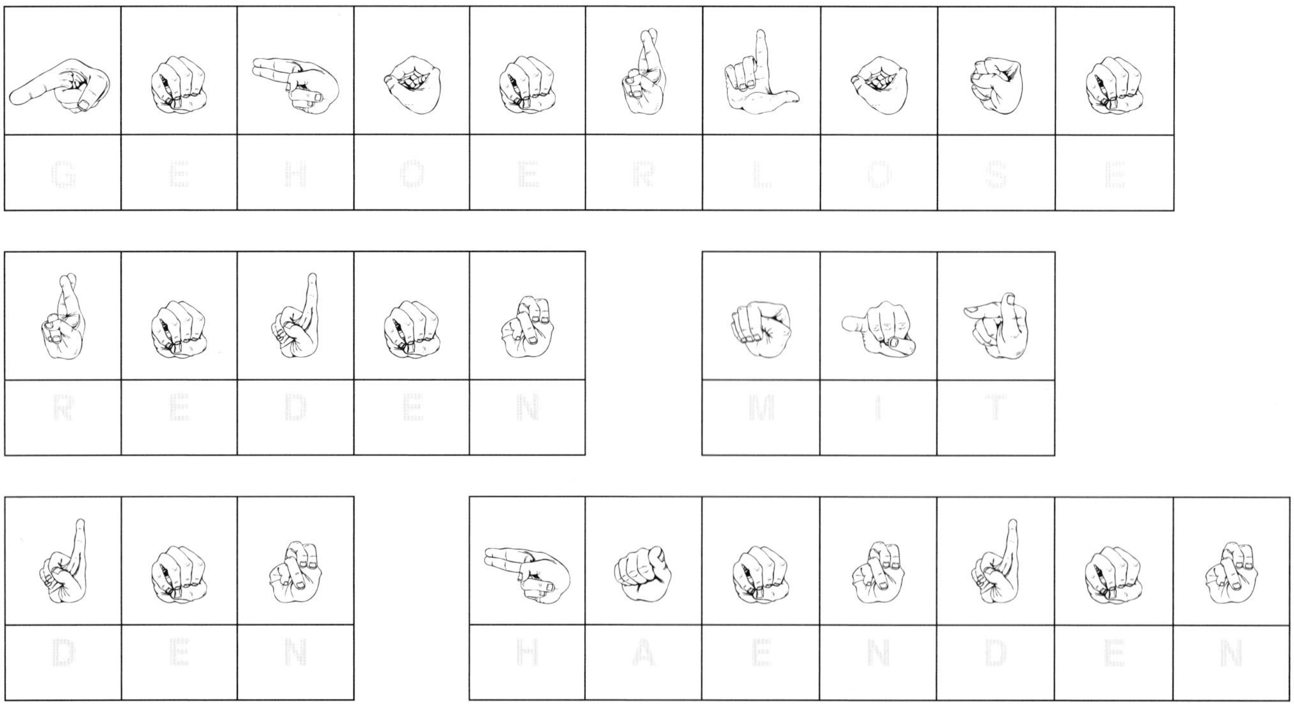

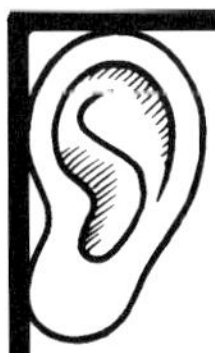

Station 11
So helfen sich Menschen, die nicht hören können

Das brauchst du:

- Lesetext
- Bilder der Gegenstände für Plakatgestaltung
- weißes Papier

Das ist deine Aufgabe:

1. Richte Schere, Kleber, Papier und Stifte her.
2. Nimm dir den Lesetext und lies ihn aufmerksam durch.
3. Was weißt du noch über die Hilfsmittel?
   → Nimm die Bilder der Gegenstände und gestalte damit ein kleines Plakat:
   Klebe ein Bild auf das weiße Papier und schreibe dazu, was du noch weißt.
   Klebe ein weiteres Bild darauf usw.
   Findest du noch eine Überschrift für dein Plakat?
4. Schreibe auf dein Plakat deinen Namen (Rückseite).

Lerch/Müller/Sußmann/Stadler: Lernwerkstatt Auge, Ohr & Co.
© Persen Verlag, Buxtehude

So helfen sich Menschen, die nicht hören können

Der Vibrationswecker:
Da ein gehörloser Mensch seinen Wecker nicht hören kann, versteckt er unter seinem Kopfkissen ein sogenanntes Rüttelkissen, das mit dem Wecker verbunden ist. Durch die Vibration wird der Gehörlose zur rechten Zeit geweckt.

Der Lichtwecker:
Eine andere Möglichkeit, früh morgens rechtzeitig aufzuwachen, ist der Lichtwecker. Verbunden mit einer äußerst starken Lampe kann er sehr helle Lichtsignale ausstrahlen, um den Gehörlosen pünktlich aus den Federn zu locken.

Das Bettrüttelgerät:
Ähnlich wie beim Vibrationswecker wird der Gehörlose durch ein starkes Rütteln geweckt. Allerdings befindet sich hier das Rüttelgerät am Lattenrost des Bettes, was jedoch bewirkt, dass das Vibrieren am gesamten Körper des Schlafenden als unangenehm empfunden werden kann.

Das Schreibtelefon:
Wie telefonieren gehörlose Menschen eigentlich?
Sie können sich mit einem Schreibtelefon helfen, an welchem eine Tastatur angebracht ist. So kann der Gehörlose wie bei einer E-Mail mit dem Gegenüber „telefonieren“. Der Nachteil dieser Erfindung ist, dass beide ein solches Telefon besitzen müssen. Weitere Möglichkeiten, um sich mit anderen Menschen auszutauschen, sind Internet und Faxgerät.

Die Lichtsignalanlage:
Im Haushalt gibt es so einiges zu hören. Um zum Beispiel die Türglocke wahrnehmen zu können, helfen sich gehörlose Menschen mit einer sogenannten Lichtsignalanlage. Diese zeigt auch an, ob das Telefon klingelt oder jemand etwas innerhalb des Hauses vom Gehörlosen will. Sobald am anderen Ende der Anlage jemand den Schalter betätigt, leuchtet eine große Lampe auf. Darüber hinaus zeigen dem Gehörlosen die kleinen Lämpchen an, was genau von ihm gewollt wird.

Hier hast du Beispiele:

 Jemand im Haus möchte mit mir in Kontakt treten.

 Es hat an der Haustür geläutet.

 Das Kind schreit.

 Das Telefon läutet.

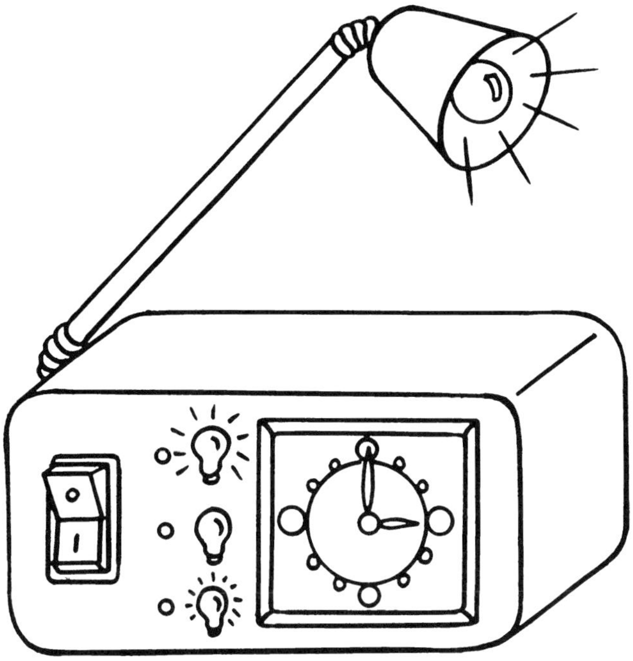

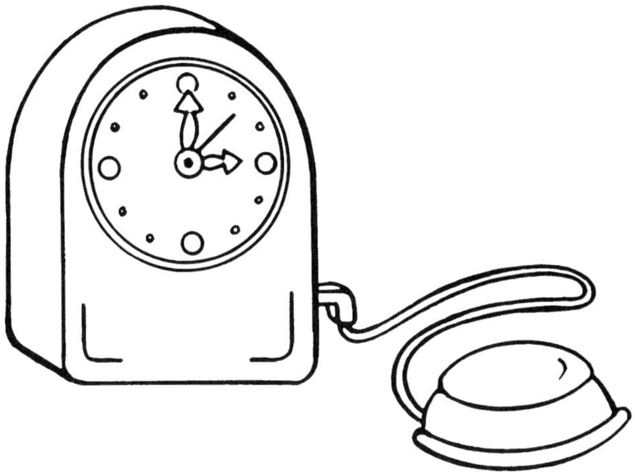

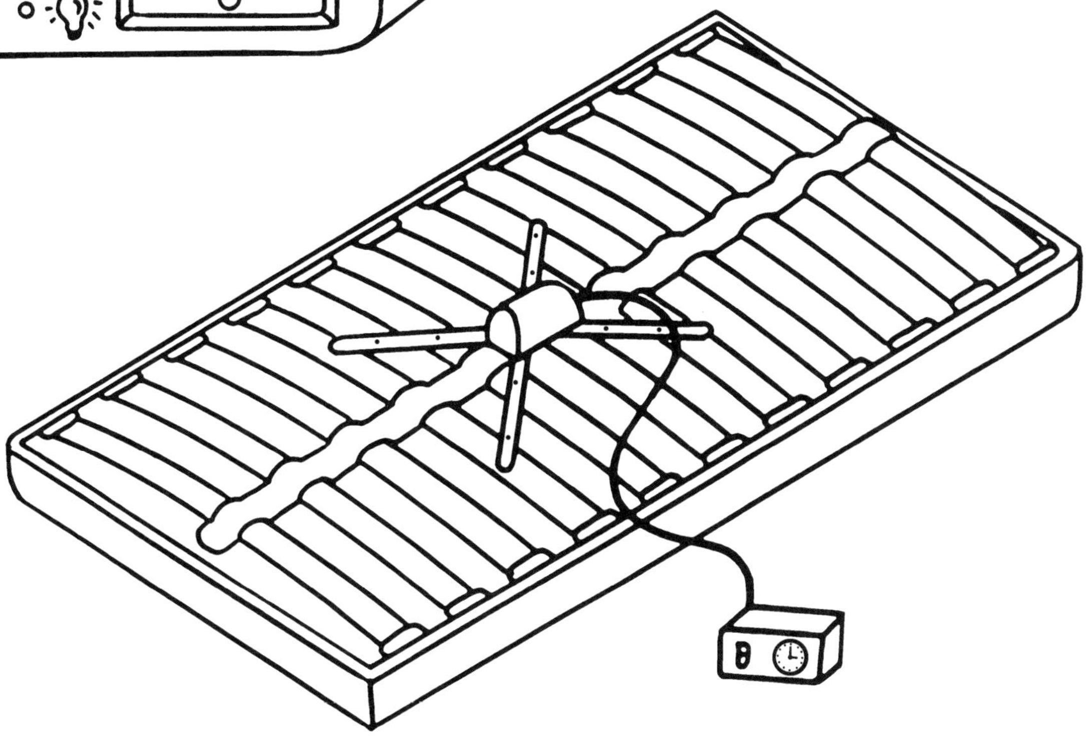

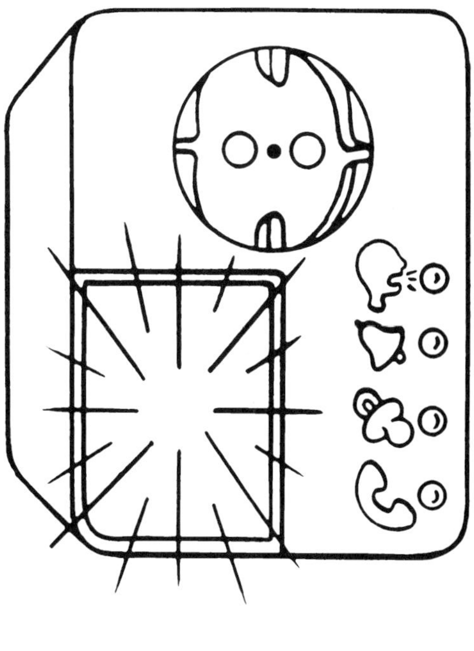

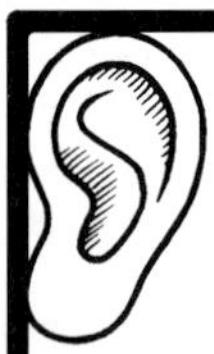

Station 12
Einige Tiere hören anders

Das brauchst du:

- Lesetext
- Bilder der Tiere
- weißes Papier

Das ist deine Aufgabe:

1. Lies den Text durch.
2. Suche dir mindestens 3 Tiere aus, die für dich besonders interessant sind.
3. Erstelle mit diesen Tieren selbst eine Seite für dein Portfolio zum Thema: Einige Tiere hören anders.
   Klebe dazu die Bilder der Tiere auf das Blatt.
   Erkläre genau, wie und wo dieses Tier hört.
   Markiere die Stelle am Bild, wo sich die Ohren befinden.

Ohr Station 12 Bilder-Vorlagen

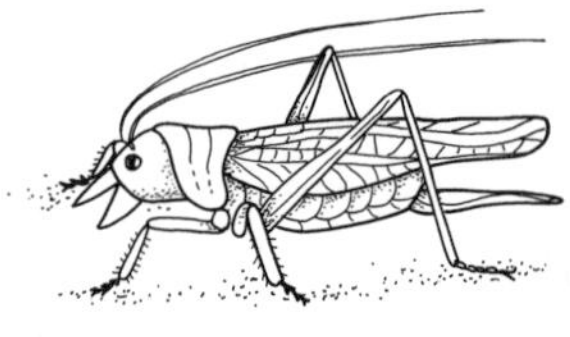

Einige Tiere hören anders

Beim Menschen verändert sich die Form seiner Ohren im Laufe seines Lebens nicht, außer dass sie mit zunehmendem Alter größer werden. Vielleicht ist dir schon einmal aufgefallen, dass manche Tiere ihre Ohren bewegen können. Hier erfährst du, welche Tiere anders als wir Menschen hören.

Die Heuschrecke:
Ob du es glaubst oder nicht: Wenn du nach den Ohren der Heuschrecke suchen würdest, würdest du sie nicht am Kopf, sondern unter den Knien finden. Im Gegensatz zu uns besitzt die Heuschrecke nur ein Trommelfell. Dieses ist dafür zuständig, dass die Schallwellen an die Nerven weitergeleitet werden. Die große Entfernung der Ohren zueinander spielt eine wichtige Rolle, denn dadurch kann die Heuschrecke sehr gut die Richtung des Geräusches erkennen.

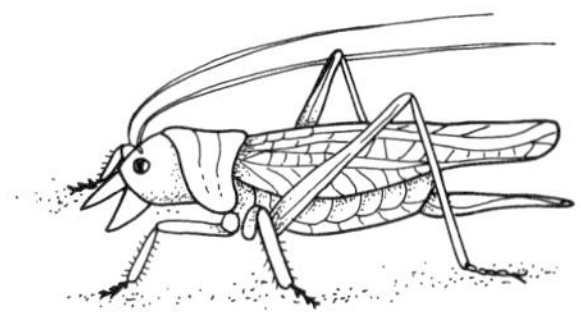

Die Fledermaus:
Um ihr schlechtes Sehvermögen auszugleichen, besitzt die Fledermaus relativ große Ohren. Wenn sie sich in den Nächten zur Jagd aufmacht, gibt sie fortwährend Laute von sich, welche andere Tiere nicht wahrnehmen können. Diese Laute kehren als Echo zur Fledermaus zurück. So kann sie feststellen, wie weit ihre Beute von ihr entfernt ist und welchen Flugweg sie nehmen muss.

Der Hase:
Bestimmt weißt du schon, dass die Ohren des Hasen im Volksmund auch als „Löffel" bezeichnet werden. Hasenohren sind sehr beweglich. Sie können schlapp herunterhängen oder stehend nach rechts und links gedreht werden. Dabei hört der Hase sehr gut.

Der Frosch:
Der Frosch verfügt über keine Ohren, sondern besitzt lediglich Öffnungen an seinem Kopf, hinter denen sich das Trommelfell befindet. Außerdem kann der Frosch zum besseren Hören noch einen Trick anwenden. Dazu nutzt er seine Lunge. Ist sein Mund geöffnet, prallen die Schallwellen beidseitig gegen das Trommelfell.

Der Maulwurf:
Wie du weißt, lebt der Maulwurf unter der Erde. Da er fast blind ist und ihn lange Ohren beim Graben stören würden, verfügt er eigentlich nur über zwei Öffnungen links und rechts am Kopf. Mit ihnen kann er direkt aus den Wänden seiner unterirdischen Gänge selbst die kleinsten Geräusche aufnehmen. Um seine Ohröffnungen vor Dreck und Erdkrümeln zu schützen, besitzt er eine Hautfalte, mit der er diese wie eine Tür abschließen kann.

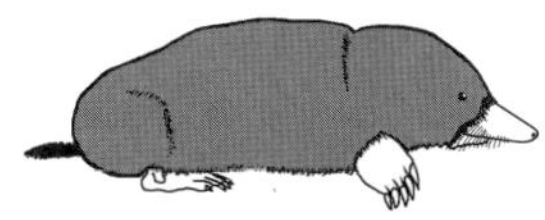

Der Delfin:
Das Ohr des Delfins ist nicht sichtbar, da es unter der Haut versteckt ist. Von außen ist nur ein winziges Loch zu entdecken. Er „unterhält sich" mit anderen Delfinen mit Hilfe von Ultraschall. So kann er unter Wasser selbst die höchsten Töne hören.

Die Ente:
Die raffiniertesten Ohren von allen hat die Ente. Durch Aufklappen eines Federkranzes legt sie die Ohröffnungen frei und kann so auch die leisesten Geräusche wahrnehmen.

Lerch/Müller/Sußmann/Stadler: Lernwerkstatt Auge, Ohr & Co.

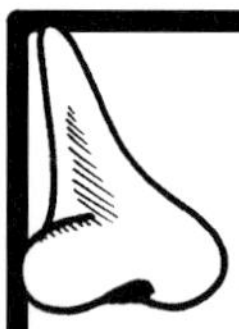

Station 1
Bau der Nase

Das brauchst du:

- Lesetext
- Textmarker, Stift und Lineal
- Wortkarten
- Arbeitsblatt: So ist meine Nase aufgebaut
- Lösungskarte

Das ist deine Aufgabe:

1. Suche dir einen Partner an dieser Station.
2. Lies den Lesetext allein und markiert die einzelnen Teile der Nase.
3. Spiel „Karten ziehen“: Nehmt die Wortkarten aus dem Umschlag und legt sie verdeckt vor euch hin. Zieht abwechselnd eine Karte und erklärt euch gegenseitig, wie die Nase aufgebaut ist. Legt die Wortkarten dabei an die richtigen Stellen auf das Bild.
4. Füllt nun das Arbeitsblatt aus.
5. Kontrolliert mit der Lösungskarte.

Nase Station 1 Wortkarten

Riechzellen	Nasenvorhof	Riechnerv
Nasenbein	Nasenhöhle	Nasennebenhöhlen
Knorpel	Schleimhaut mit Flimmerhärchen	Rachenraum
Nasenspitze	äuβerer Teil	Blutgefäβe
Nasenflügel	innerer Teil	
Nasenscheidewand	drei Nasenmuscheln	
Nasenlöcher	Riechschleimhaut	

Station 1 **Bau der Nase** Wortkarten	**Station 1** **Bau der Nase** Wortkarten

Wie ist meine Nase aufgebaut?

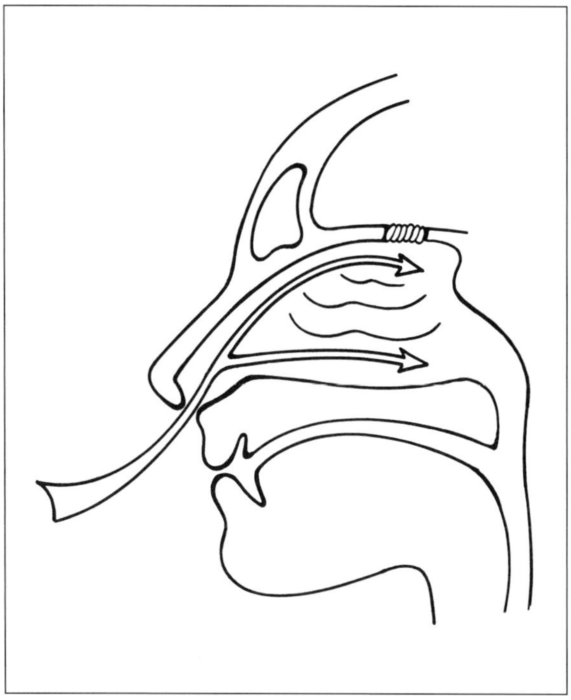

Stupsnase, Knollennase oder Hakennase … Jeder Mensch hat eine Nase und braucht sie auch. Dass sie mehr Aufgaben hat als nur Luft ein- und ausströmen zu lassen und daher besonders gebaut sein muss, erfährst du in diesem Text.

Deine Nase ist ein empfindliches Organ.
Außen besteht sie aus einem festen Knochen, dem *Nasenbein* und beweglichen weichen Teilen, den *Knorpeln*. Diese bilden die *Nasenspitze*, zwei *Nasenflügel* und die *Nasenscheidewand*, die deine Nase in zwei *Nasenlöcher* unterteilt.
Ohne diese Knorpel könntest du deine Nase schon durch kleine Stöße wie beim Naseputzen schwer verletzen.
Die Luft, die du einatmest, kommt über die Nasenlöcher in den **inneren Teil** deiner Nase. Du kannst dir deine Nase wie eine große Wohnung mit vielen Zimmern und Gängen vorstellen.
Als Erstes wird im *Nasenvorhof* die Luft von kleinen Haaren gereinigt. Die Haare halten größere Staubkörner und Fremdkörper gleich vom Eintreten in die Nase ab. Strömt die Luft weiter, gelangt sie in die darüber liegende *Nasenhöhle.* Sie ist ganz mit einer besonderen *Schleimhaut mit Flimmerhärchen* „tapeziert“.
Selbst kleinster Schmutz und sogar Bakterien werden dort gestoppt und als Nasenpopel wieder hinausbefördert.
Viele Blutgefäße befinden sich in den Schleimhäuten. Stelle sie dir wie Heizungsrohre vor, die die Luft auf deine Körpertemperatur erwärmen. Besondere Zellen in den Schleimhäuten sorgen dafür, dass die Luft befeuchtet wird, denn sonst würde sie deiner Lunge schaden.
An den Nasenwänden sind *drei Nasenmuscheln* befestigt, die die Nasenhöhle wie Regalböden unterteilen. Es sind ebenfalls Schleimhäute, an denen die Luft vorbeifließt, doch haben sie unterschiedliche Aufgaben.
Auf der obersten Nasenmuschel befindet sich die *Riechschleimhaut*, die mit feinsten Härchen besetzt ist. Man nennt sie auch *Riechzellen.* Sie fangen ankommende Gerüche auf und geben sie über den Riechkolben an den *Riechnerv* weiter. Hier wird der Geruch in Signale umgewandelt, die dein Gehirn aufnimmt. Jetzt kannst du etwas riechen.
Die mittlere Nasenmuschel leitet die Luft an alle *Nasennebenhöhlen.* Die Hohlräume machen deinen Kopf etwas leichter und zudem würde sich deine Stimme ohne diese ganz anders anhören. Wie bei einer Gitarre wirken die Hohlräume als Verstärker.
Strömt die Luft an der unteren Nasenmuschel vorbei, so gelangt sie in den *Rachenraum* und belüftet über weitere Leitungen dein Mittelohr.
Bei Schnupfen werden die Nasenmuscheln immer dicker und schwellen an. So kommt kaum noch Luft an deinen Riechnerv, in die Nebenhöhlen und in den Rachen. Sicher hattest du selbst schon eine Erkältung und konntest kaum etwas riechen, deine Stimme hörte sich seltsam an und das Essen schmeckte auch nicht wirklich. Was die Nase alles kann, merkt man also erst, wenn sie nicht mehr ganz funktioniert.

So ist meine Nase aufgebaut

Du hast den Text genau gelesen, dann kennst du dich sicher gut aus.
Fülle das Kreuzworträtsel mithilfe des Bildes aus.

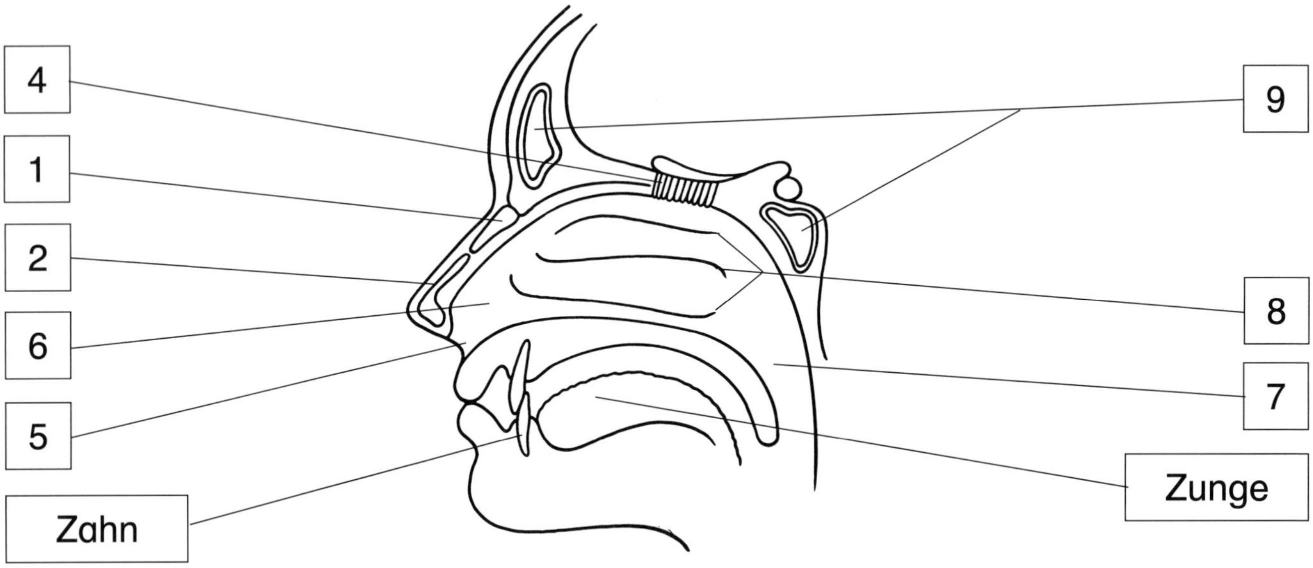

					1	N	A	S	E	N	B	E	I	N		
			2	K	N	O	R	P	E	L						
						3	Z	U	N	G	E					
					4	R	I	E	C	H	Z	E	L	L	E	N
5	N	A	S	E	N	V	O	R	H	O	F					
			6	N	A	S	E	N	H	Ö	H	L	E			
						7	R	A	C	H	E	N	R	A	U	M
8	N	A	S	E	N	M	U	S	C	H	E	L	N			
				9	N	E	B	E	N	H	Ö	H	L	E	N	

Du hast alle Teile benennen können? Dann bist du schon eine sehr gute

S P **U** E R N A S E . Gut gemacht.

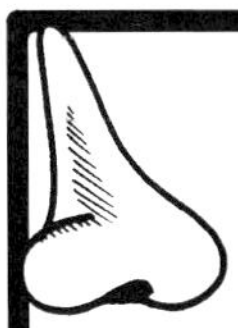

Station 2
Wir erkennen Gerüche

Das brauchst du:

- vorbereitete Filmdosen
- Wortkarten zu den Filmdosen
- Arbeitsblatt
- Lösungskarte

Das ist deine Aufgabe:

1. Stelle dir die vorbereiteten Filmdosen bereit und lege die Wortkarten aus.
2. Öffne nun ein Döschen, rieche daran und ordne die passende Wortkarte zu.
3. Kontrolliere dich selbst durch die Farbpunkte auf der Unterseite der Dosen bzw. auf der Rückseite der Karten.
4. Wiederhole die Schritte 2. und 3. auch mit den anderen Filmdosen.
5. Nimm im Anschluss daran das Arbeitsblatt zur Hand. Lies es und löse das Quiz.
6. Kontrolliere anschließend mit der Lösungskarte.

Wortkarten zu den Filmdosen

Pfeffer	Paprikagewürz	Essig	Seife
Kaffee	Tee	Erde	Leder
Parfüm	Zimt	Tannennadeln	Heu

Lerch/Müller/Sußmann/Stadler: Lernwerkstatt Auge, Ohr & Co.
© Persen Verlag, Buxtehude

Der menschliche Geruchssinn

Ein Mensch kann ungefähr 10 000 unterschiedliche Gerüche auseinanderhalten und sich merken.
Der Geruchssinn kann uns vor Gefahren schützen. So warnt er uns schon vorab, wenn sich ein Feuer entfacht oder Gas ausströmt. Auch bei Lebensmitteln können wir am Geruch erkennen, ob sie verdorben sind.
Ohne die Riechzellen könnte ein Mensch nichts riechen. Diese sind mit äußerst feinen Härchen besetzte Sinneszellen, die sich im oberen Teil unserer Nase befinden. Sobald der Geruch, der mit der Atemluft eingezogen wird, an diesen vorbeistreift, löst er sich in der so genannten Riechschleimhaut auf. Diese „meldet" den wahrgenommenen Geruch über den Riechkolben an den Riechnerv. Dieser leitet wiederum den Geruch an das Gehirn weiter. Das Gehirn entscheidet dann, ob etwas lecker riecht oder stinkt.
Insgesamt gibt es weit mehr als 10 000 Gerüche. Wir können diese unterscheiden, weil die einzelnen Bestandteile eines Duftes verschiedene Sinneszellen anregen. Das Gehirn verarbeitet diese Informationen und ordnet sie einem bestimmten oder bekannten Duft zu.
Zum einen ist deine Nase also dafür zuständig, zu riechen, zum anderen aber auch dafür, dass du und dein Körper regelmäßig Luft bekommen. In deiner Nase wird die Luft erwärmt und gereinigt, bevor sie in die Lunge gelangt.

Geruchquiz! Kreuze immer die richtige Antwort an!

1. Wie viele Gerüche kann ein Mensch auseinanderhalten?

- ☐ 1 000
- ☐ 10 000
- ☐ 100 000

2. Wo befinden sich die Riechzellen?

- ☐ Im unteren Teil der Nase.
- ☐ Im hinteren Teil der Nase.
- ☐ Im oberen Teil der Nase.

3. Wer reagiert auf den vorbeistreifenden Geruch?

- ☐ Die mit Härchen besetzten Riechzellen.
- ☐ Der mit Härchen besetzte Riechnerv.
- ☐ Die mit Härchen besetzte Atemluft.

4. Wer entscheidet darüber, ob etwas lecker riecht oder stinkt?

- ☐ Der Riechkolben.
- ☐ Das Gehirn.
- ☐ Du selbst.

5. Welche Aufgabe hat die Nase außer Riechen noch?

- ☐ Für regelmäßige Luftverschmutzung sorgen.
- ☐ Für regelmäßige Luftabkühlung sorgen.
- ☐ Für regelmäßige Luftzufuhr sorgen.

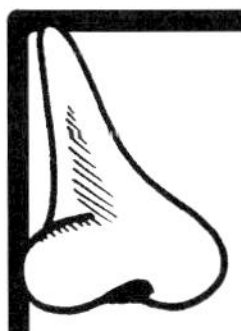

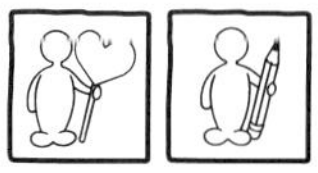

Station 3
Einige Tiere riechen anders

Das brauchst du:

- Lesetext
- Folienstift (abwaschbar), bunte Stifte
- Bilder der Tiere
- weißes Papier oder ein Blockblatt

Das ist deine Aufgabe:

1. Lies den Text durch.
2. Suche dir mindestens 3 Tiere aus, die für dich besonders interessant sind.
3. Unterstreiche, wie und womit diese Tiere riechen.
4. Erstelle nun mit diesen Tieren selbst eine Seite für dein Portfolio zum Thema: Manche Tiere riechen anders.
   Erkläre genau, wie und womit diese Tiere riechen.

Nase Station 3 Bildvorlagen

Einige Tiere riechen anders

Viele wissen schon, dass Tiere die besseren Nasen haben als der Mensch. Doch wie gut sie wirklich riechen können, womit sie Gerüche wahrnehmen und wer die allerbeste Nase im Tierreich hat, erfährst du in diesem Text.

Der Hund:

Die meisten von uns haben schon von den Supernasen der Hunde gehört. Sie können verschüttete Menschen unter Schnee, Schlamm und Asche riechen und so helfen Leben zu retten. Doch nicht alle Hunde sind große Spürnasen, denn es kommt hier auf die Menge der Riechzellen an. Je länger die Schnauze des Hundes ist, desto mehr Riechzellen hat sie. Also riecht ein Schäferhund besser als ein Dackel. Dass Hunde besser als Menschen riechen können, kommt auch daher, dass sie viel häufiger einatmen und so mehr Geruchsstoffe aufnehmen. Auch in ihrem Gehirn ist ein viel größerer Teil für das Riechen zuständig. Daher riechen Hunde ca. 1 Million Mal besser als Menschen.

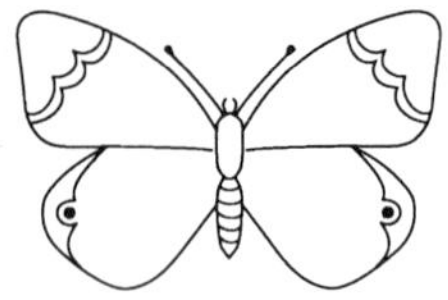

Der Schmetterling:

Die Nase des Schmetterlings ist sein Fühler. Männchen haben besonders große, denn über den Geruch finden sie nicht nur Nahrung auf einer nektarreichen Blüte, sondern auch ein passendes Weibchen aus über 10 km Entfernung. So ist die „winzige Nase" des Schmetterlings sogar noch besser als die des Hundes.

Der Elefant:

Wohl die größte Nase auf der Welt hat der Elefant. Aber eigentlich ist es eine Mischung aus Rüssel und Oberlippe. Damit kann er sehr schwere Lasten tragen, aber auch erstaunlich gut riechen. In der Wüste finden Elefanten z. B. allein durch den Geruch eine Wasserstelle, an der sie trinken können. Aber auch Gefahren, wie anschleichende Jäger, nimmt der Elefant über den Geruch wahr.

Die Schlange:

Wer kennt sie nicht, die gespaltene Zunge der Schlange. Doch dass sie das wichtigste Organ dieses gefährlichen Tieres ist, können die Meisten nur ahnen. Schlangen sind fast taub und sehen sehr schlecht. Dafür können sie ihre Beute in der Luft, im Wasser und am Boden genau mit den Zungenspitzen aufspüren. Die Zunge wird immer wieder ganz schnell aus dem Mund herausgestoßen und hineingezogen. Dies nennt man züngeln. Beim Einziehen streift die Zunge am Jakobson'schen Organ im Maul entlang, das mit vielen speziellen Sinneszellen besetzt ist. So können sie nicht nur riechen, sondern wissen am Geruch auch, wo die Beute ist und wie schnell sie sich bewegt.

Der Aal:

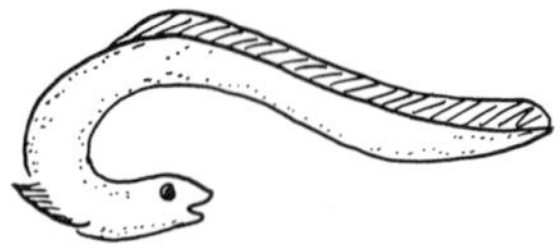

Doch wer hätte es gedacht, die beste Nase im Tierreich hat ein Fisch. Es ist der schlangenähnlich aussehende Aal. Stelle dir vor, du stehst am größten See, den du kennst, und wirfst auf der einen Uferseite ein Stück Zucker hinein. Ein Aal am anderen Ufer kann dieses Stückchen Zucker riechen. Er braucht auch diese unfassbar gute Nase, denn, um selbst wieder Junge bekommen zu können, muss er wieder an den Ort seiner Geburt zurückfinden. Der Weg kann über mehrere tausend Kilometer weit sein und führt durch den ganzen Ozean. Nur seine Nase zeigt ihm den richtigen Weg. Beeindruckend.

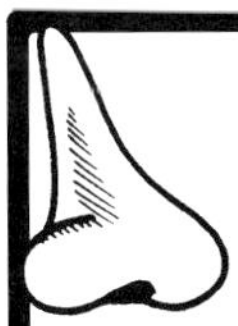

Station 4
Gerüche und Gefühle

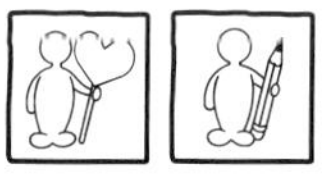

Das brauchst du:

- Arbeitsblatt
- Stift und Lineal
- Lösungskarte

Das ist deine Aufgabe:

1. Nimm das Arbeitsblatt und lies dir die Felder aufmerksam durch.
2. Verbinde nun diejenigen Kästchen mit Stift und Lineal, die zusammengehören.
3. Trage nach jeder Verbindung für dich passende Begriffe bei „Geruch“ und „Gefühl“ ein.
4. Fülle anschließend den unten stehenden Lückentext aus.
5. Kontrolliere am Ende mit der Lösungskarte.

Lerch/Müller/Sußmann/Stadler: Lernwerkstatt Auge, Ohr & Co.
© Persen Verlag, Buxtehude

Gerüche und Gefühle

Jauchegrube Misthaufen Geruch: unangenehm, Gestank	Alarm! Wir müssen schnellstens Hilfe holen! Gefühl: Angst
Mamas Gebäck Geruch: angenehm, süßer Duft (lecker)	Ich mag dich nicht! Ich kann dich nicht riechen! Gefühl: Abneigung
entstehendes Feuer (Brand) Geruch: unangenehm, rauchig, stickig	Das riecht sehr fein! Ich freue mich schon auf den Kuchen! Gefühl: Freude
unbeliebte Person Geruch: unangenehm, Rauch, Schweiß	Hier stinkt es ganz fürchterlich! Das ist eklig! Gefühl: Ekel

Gerüche und Gefühle sind sehr eng miteinander verbunden. Gerüche lösen bei uns Menschen oft bestimmte Gefühle aus. Ist dir zum Beispiel schon einmal aufgefallen, dass du dich wohl/gut/glücklich fühlst, wenn du nach einer längeren Zeit wieder nach Hause kommst und den Duft deiner Wohnung wahrnimmst? Vielleicht haben auch deine Eltern oder dein Lieblingsstofftier einen ganz besonderen Geruch, den du über alles magst/liebst.

Manchmal ist es aber auch für uns sehr nützlich, dass bestimmte Gerüche bestimmte Gefühle bei uns auslösen. Beispielsweise bekommen wir Angst/einen Schrecken, wenn wir den Geruch von Feuer in die Nase bekommen. Kaputte/Verdorbene Lebensmittel riechen unangenehm. Auch davor warnt uns unsere Nase. Sie hilft uns angenehme/gute und unangenehme/schlechte Gerüche zu unterscheiden.

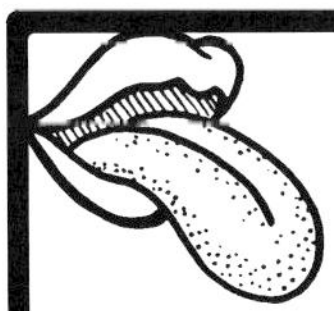

Station 1
Nahrungsmittel und Getränke am Geschmack erkennen

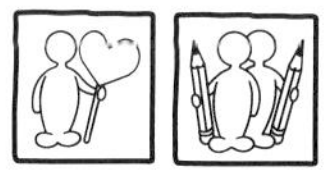

Das brauchst du:

- Tuch
- Tablett mit 6 Gläsern
- Löffel
- Infokarte

Das ist deine Aufgabe:

1. Suche dir für diese Station einen Partner.
2. Richtet gemeinsam das Tablett mit den 6 Gläsern und die Löffel her.
3. Nun verbindet sich einer von euch beiden die Augen mit dem Tuch.
4. Jetzt lässt das sehende Kind seinen Partner nacheinander die verschiedenen Nahrungsmittel und Getränke probieren.
5. Kann der Partner alles richtig erschmecken?
6. Tauscht nun die Rollen und führt den Geschmackstest noch einmal durch.
7. Lest euch am Ende gemeinsam die Infokarte aufmerksam durch.

Zunge Station 1 Infokarte

Der menschliche Geschmackssinn

Wenn du Nahrungsmittel oder Getränke schmeckst, spielt dein Geschmackssinn dabei eine wichtige Rolle. Allerdings ist er nicht allein dafür verantwortlich, etwas zu erschmecken, sondern auch der Geruchs- und Tastsinn helfen ihm dabei.
Der Geschmackssinn hat die Aufgabe, die Nahrungsaufnahme zu überwachen. Er ist von Geburt an so angelegt, dass wir Süβes lieber zu uns nehmen als Bitteres oder Saures. Das kommt daher, dass unser Körper sich instinktiv zum Beispiel vor giftigen Pflanzen, die meist bitter schmecken, schützen will. Da wir aus süβen Lebensmitteln Kraft und Energie für unseren Körper schöpfen können, bevorzugen wir den süβen Geschmack.
Weil die Anzahl der Geschmackszellen auf der Zunge unterschiedlich hoch sein kann, schmeckt jeder Mensch anders. Wissenschaftler unterscheiden Normal-, Super- und Nicht-Schmecker. Etwa die Hälfte aller Menschen auf der ganzen Welt sind Normal-Schmecker. Super-Schmecker besitzen hingegen deutlich mehr Geschmacksknospen auf der Zunge. Je älter ein Mensch wird, desto weniger kann er jedoch schmecken.
Sehr wichtig für das Geschmacksempfinden ist auβerdem die eigene Wahrnehmung, welche stark vom Geruchssinn mit beeinflusst wird. Auch dieser ist bei jedem Menschen anders, was wiederum mit den zuständigen Zellen, den sogenannten Riechzellen, zusammenhängt.
Weil Geschmacks- und Geruchssinn bei jedem Menschen anders ausgebildet sind, wird kein Mensch auf der ganzen Welt ein- und dasselbe Gericht auf die gleiche Art und Weise schmecken.

Station 2
Die Geschmackszonen der Zunge

Das brauchst du:

- Arbeitsblatt
- Materialien: 2 Gummibärchen, 2 Salzstangen, 2 Brausestäbchen, 2 Kaffeebohnen
- Lösungskarte

Das ist deine Aufgabe:

1. Lies dir die Aufgaben auf dem Arbeitsblatt genau durch.
2. Führe den Versuch, so wie er beschrieben ist, durch.
3. Schreibe deine Beobachtungen auf.
4. Kontrolliere jetzt mit dem Lösungsblatt.

Die Geschmackszonen der Zunge

Deine Zunge besteht aus verschiedenen Geschmackszellen, die das Geschmacksempfinden in **süß, sauer, salzig und bitter** einteilen. Neuerdings wird sogar noch eine fünfte Geschmacksrichtung angegeben. Sie heißt **umami**. Diesen Geschmack kann man als **herzhaft** beschreiben. So schmecken zum Beispiel Fleisch, reife Tomaten und Käse.
Deine Zunge schmeckt überall, nicht nur in den Zonen. Aber auf deiner Zungenspitze schmeckst du Süßes besonders stark.

Auf deiner Zunge liegen ungefähr 10 000 Geschmacksknospen. Diese nehmen aber im Alter ab, sodass auch das Geschmacksempfinden nachlässt.

Bei allen Menschen ist das Geschmacksempfinden unterschiedlich. Manche lieben Spinat und für manche ist er ungenießbar. Wie dir Dinge schmecken, eignest du dir selbst an. Es ist aber auch teilweise vererbt.

1. Wie schmeckt was? Probiere und verbinde richtig.

Gummibärchen	sauer
Salzstange	bitter
Brausestäbchen	salzig
Kaffeebohne	süß

2. Versuch: Wo schmeckst du sauer, süß, salzig und bitter?

Nimm eine Geschmacksprobe (Gummibärchen, Salzstange, Brausestäbchen, Kaffeebohne).

1. Berühre damit zuerst deine **Zungenspitze** (4).
2. Berühre damit dann den **hinteren Teil der Zunge** (1).
3. Berühre damit den **vorderen Rand der Zunge** (3).
4. Berühre damit nun den **hinteren Rand der Zunge** (2).

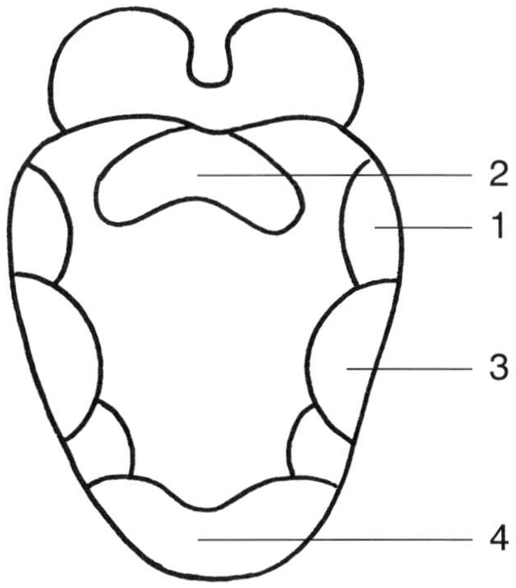

An welcher Stelle war der Geschmack am stärksten? Trage ein.

Das Gummibärchen (süße Sachen) schmecke ich mit der Zungenspitze.

Die Salzstange (salzige Sachen) schmecke ich mit dem vorderen Rand der Zunge.

Das Brausestäbchen (saure Sachen) schmecke ich mit dem hinteren Rand der Zunge.

Die Kaffeebohne (bittere Dinge) schmecke ich mit dem hinteren Teil der Zunge..

Station 3
Feinschmecker bei der Arbeit

Das brauchst du:

- Apfelstück
- Zwiebel
- Tuch
- 5 Flaschen
- 2 Strohhalme
- Arbeitsblatt
- Infokarte

Das ist deine Aufgabe:

1. Suche dir einen Partner und verbinde ihm die Augen, bevor du das Material holst.
2. Führe den 1. Versuch, so wie er beschrieben ist, durch.
3. Jetzt darf dein Partner die Augen wieder öffnen.
4. Führt jetzt gemeinsam den 2. Versuch durch.
5. Holt euch jetzt die Infokarte und lest genau nach.

Zunge Station 3 Infokarte

Feinschmecker bei der Arbeit – Lass dich nicht täuschen

Beim ersten Versuch hast du die Zwiebel geschmeckt, obwohl du einen Apfel gegessen hast. Das liegt daran, dass deine Nase und deine Zunge beim Schmecken zusammen arbeiten. Dabei beeinflusst dein Geruchssinn ganz stark deinen Geschmackssinn. Jetzt weiβt du auch, warum das Essen nicht schmeckt, wenn du Schnupfen hast und erkältet bist.

Hast du dich beim **zweiten Versuch** hereinlegen lassen? In allen fünf Flaschen war **Ananassaft**, der nur anders eingefärbt war. Auch dein Auge isst mit.

Was interessant ist: Ob dir das Essen schmeckt, entscheidest du auch danach, ob es dir vom Aussehen her gefällt.

Was passiert, wenn du beim Essen nichts riechst und deine Augen getäuscht werden? Es gibt Versuche, in denen Menschen ein Schnitzel gegessen haben, das aussah wie eine Schwarzwälder-Kirschtorte. Kannst du dir vorstellen, dass es nicht leicht war, wirklich das Schnitzel zu schmecken?

Feinschmecker bei der Arbeit

1. Versuch: Kannst du mit verbundenen Augen schmecken?

- Verbinde deinem Partner die Augen, bevor du das Material holst.
- Halte ihm nun das Zwiebelstück unter die Nase.
- Gib ihm gleichzeitig das Apfelstück zu essen.

Was hat dein Partner geschmeckt? Apfel oder Zwiebel? ____________________

2. Versuch: Welchen Saft schmeckst du?

- Jeder probiert mit einem Strohhalm die Säfte aus den 5 Flaschen.
- Tragt ein, welchen Saft ihr erkannt habt.

1. Flasche (roter Saft): ____________________
2. Flasche (blauer Saft): ____________________
3. Flasche (gelber Saft): ____________________
4. Flasche (grüner Saft): ____________________
5. Flasche (brauner Saft): ____________________

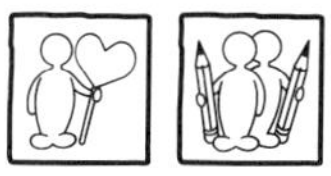

Station 4
Redensarten zum Thema „Zunge“

Das brauchst du:

- Wortkarten mit Redensarten und Erklärungen
- Arbeitsblatt

Das ist deine Aufgabe:

1. Suche dir einen Partner an dieser Station.
2. Wählt euch eine Wortkarte mit einer Redensart aus.
3. Überlegt gemeinsam: Was könnte diese Redensart bedeuten?
4. Vergleicht eure Vermutungen mit der Lösung auf der Rückseite.
5. Arbeite nun allein.
6. Suche deine Redensart auf dem Arbeitsblatt.
7. Was bedeutet die Redensart für dich persönlich?
8. Ergänze den Satz mit deinen eigenen Gedanken.
9. Bearbeite die übrigen Wortkarten ebenso.

Lerch/Müller/Sußmann/Stadler: Lernwerkstatt Auge, Ohr & Co.
© Persen Verlag, Buxtehude

Was kannst du über deine Zunge erzählen?

Jemand lässt sich etwas auf der Zunge zergehen, wenn ______________________

Jemand hat eine böse Zunge, wenn ______________________

Jemand beißt sich lieber die Zunge ab, als ______________________

Die Zunge hängt jemandem zum Halse heraus, wenn ______________________

Seine Zunge hält jemand lieber im Zaum, wenn ______________________

Jemand verbrennt sich die Zunge, wenn ______________________

Jemandem liegt etwas auf der Zunge, wenn ______________________

sich etwas auf der Zunge zergehen lassen	Es gefällt oder schmeckt jemandem etwas so gut, dass derjenige diese Sache genießt.
eine böse Zunge haben	Von Leuten, die andere gerne schlecht machen, sagt man, dass sie eine böse Zunge haben.
sich lieber die Zunge abbeißen	Jemand möchte auf keinen Fall etwas zu einem Thema sagen
die Zunge zum Halse heraushängen lassen	Wenn sich jemand körperlich sehr anstrengt, sagt man, dass ihm die Zunge zum Halse heraushängt.
die Zunge im Zaum halten	Man sollte zuerst über das nachdenken, was man sagt, nicht frech sein oder lieber schweigen.
sich die Zunge verbrennen	Man hat etwas gesagt, ohne vorher darüber nachgedacht zu haben.
etwas liegt einem auf der Zunge	Man möchte etwas sagen, aber das passende Wort dafür fällt einem nicht ein.

Station 1
Bau der Haut

Das brauchst du:

- Lesetext
- Textmarker, Stift und Lineal
- Briefumschlag mit Wortkarten
- Arbeitsblatt
- Lösungsblatt

Das ist deine Aufgabe:

1. Suche dir einen Partner an dieser Station.
2. Lies den Lesetext allein und markiert die einzelnen Schichten der Haut, und was sich dort befindet.
3. Nehmt die Wortkarten aus dem Umschlag. Erklärt euch gegenseitig, wie die Haut aufgebaut ist und was ihr Interessantes erfahren habt.
4. Füllt nun das Arbeitsblatt aus.
5. Kontrolliert mit der Lösungskarte.

Haut Station 1 Wortkarten

Oberhaut	Lederhaut
Schuppenpanzer	Unterhaut
wasserdicht	Nährstoffe
Blutgefäße	kühlt/heizt
Sinneszellen	Tastsinn
Haare	Talgdrüsen
Schweißdrüsen	Fettpolster
Stoßdämpfer	Kälteschutz

Station 1
Bau der Haut

Wortkarten

Station 1
Bau der Haut

Wortkarten

Wie ist meine Haut aufgebaut?

Das größte und wichtigste Organ deines Körpers ist die Haut. Sie ist eine ausgezeichnete Verpackung, die aus drei Hautschichten besteht.

Die Schicht, die du sehen kannst, ist die **Oberhaut**, die du dir wie einen *Schuppenpanzer* vorstellen kannst. Hier erneuert sich deine Haut immer wieder. Alte Schuppen werden nach oben geschoben und von unten wachsen neue Hautschuppen nach. Das Tolle an dieser Hautschicht ist, dass Wasser zum Beispiel beim Schwitzen heraus kann, aber es kann kein Wasser hinein. Dein Körper ist dank deiner Haut *wasserdicht*.

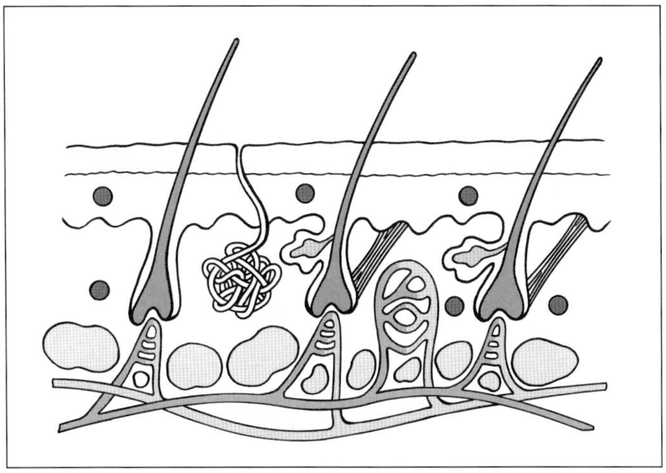

Darunter liegt die **Lederhaut**, die unseren Körper zusammenhält. In dieser Schicht sind sehr viele kleine *Blutgefäße*. Sie sorgen dafür, dass deine Haut mit *Nährstoffen* versorgt und immer gleich warm gehalten wird. Dein Blut „heizt" im Winter und im Sommer „kühlt" es deinen Körper.
Damit du etwas erspüren kannst, brauchst du *Sinneszellen*. Diese sind in der Oberhaut und in der Lederhaut verteilt und können Verschiedenes wahrnehmen und an das Gehirn weiterleiten. So gibt es Sinneszellen, die melden, ob es *heiß oder kalt* ist. Andere Sinneszellen geben weiter, ob es *zwickt oder piekt*. Wieder andere stellen fest, ob etwas *hart oder weich* ist und *wie fest* man etwas drücken kann. All dies kann deine Haut besonders gut an den Händen, doch an fast allen Körperstellen gibt es diese Sinneszellen – mal mehr, mal weniger. Durch diese Sinneszellen kannst du also sehr viele Informationen über einen Gegenstand ertasten. Dies nennt man daher auch *Tastsinn*.

Durch die beiden oberen Hautschichten hindurch wachsen die *Haare*, die mit Haarwurzeln in der Lederhaut befestigt sind. Muskeln an den Haarwurzeln bewirken, dass sich deine Haare aufrichten können. Sicher hast du selbst schon mal eine „Gänsehaut" bekommen, z. B. wenn du frierst oder du Angst hast.
Es gibt aber noch viele Drüsen, wie zum Beispiel *Talgdrüsen* oder auch *Schweißdrüsen*. Die Schweißdrüsen stellen Schweiß her, den du an heißen Tagen oder beim Sport zum Abkühlen deines Körpers brauchst.

Die innerste Hautschicht wird **Unterhaut** genannt. In dieser Schicht sind die *Fettpolster*. Stelle sie dir wie kleine Kugeln vor, die deine inneren Organe gut vor Hitze oder *Kälte schützen* und dazu noch wie ein *Stoßdämpfer* wirken.

So ist meine Haut aufgebaut

Du hast den Text genau gelesen, dann kennst du dich sicher gut aus.

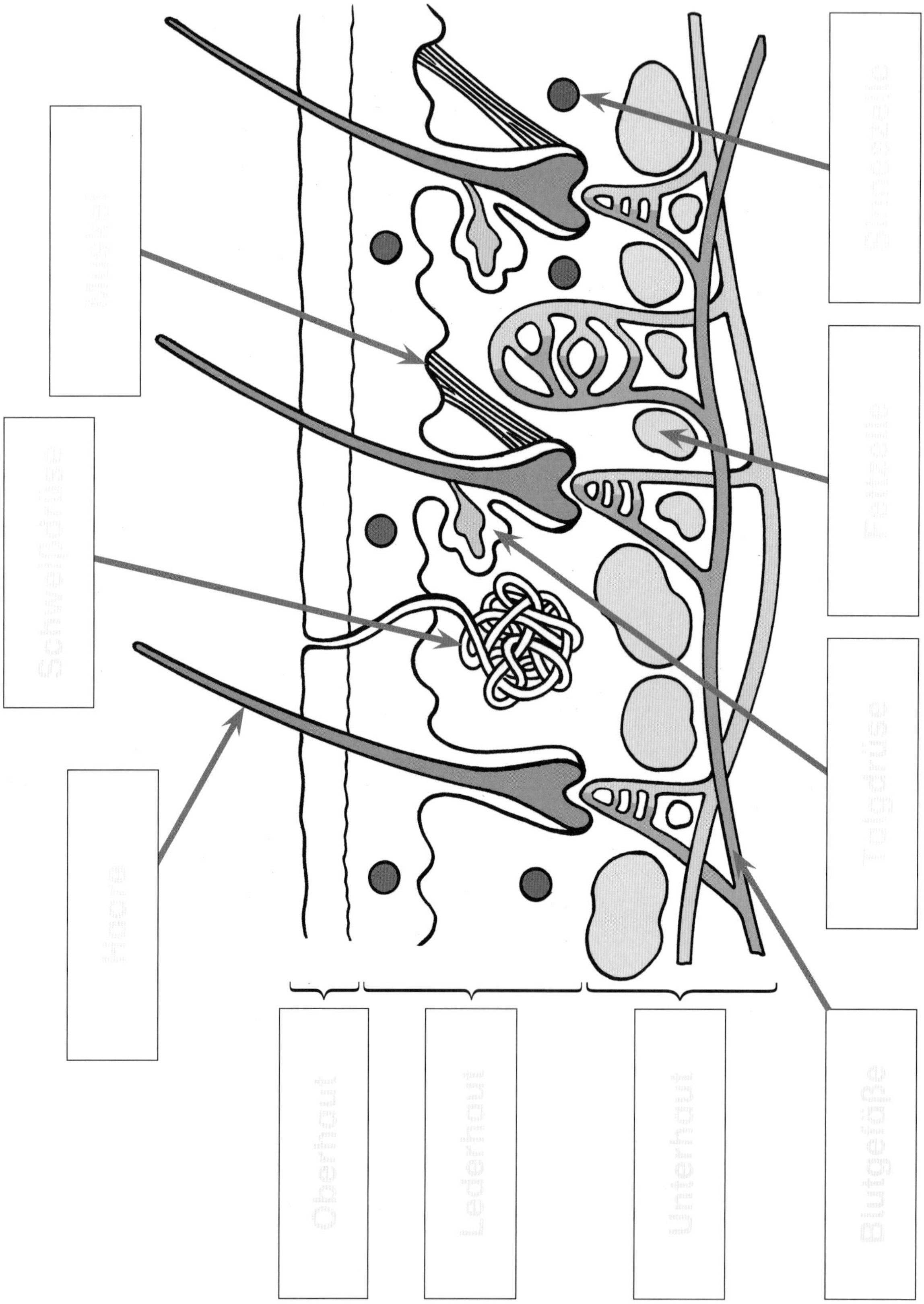

Station 2
Die Haut als Sinnesorgan

Das brauchst du:

- Augenbinde
- zwei Pinsel
- Arbeitsblatt
- Lösungskarte

Das ist deine Aufgabe:

1. Suche dir einen Partner an dieser Station.
2. Dein Partner verbindet sich die Augen und legt seinen Arm mit der Innenseite nach oben auf den Tisch.
3. Er muss herausfinden, ob du ihn mit einer oder zwei Pinselspitzen berührst. Berühre ihn vorsichtig an verschiedenen Stellen.
4. Wechselt euch ab.
5. Was stellt ihr fest? Schreibt eure Erkenntnisse auf das Arbeitsblatt.
6. Löst das Kreuzworträtsel „Weißt du schon…".
7. Kontrolliert mit der Lösungskarte.

Station 2
Die Haut als Sinnesorgan

1. Das haben wir festgestellt.

Ist der Abstand zwischen den Pinselspitzen auf der Haut groß, so spürt man zwei Spitzen. Bei einem kleinen Abstand aber spürt man nur eine Pinselspitze, auch wenn zwei leicht auf die Haut gedrückt werden.

2. Unsere Erklärung:

Unter deiner Haut sind Sinneszellen, die melden, wenn etwas auf deinen Körper gedrückt wird. Man nennt diese Zellen auch Tastkörperchen. An manchen Körperstellen gibt es sehr viele Tastkörperchen, an anderen Stellen sind es weniger. Mit diesem Versuch findest du heraus, wo die Tastkörperchen sind. Werden zwei Pinselspitzen leicht auf deine Haut gedrückt und du spürst auch wirklich zwei, so melden zwei verschiedene Tastkörperchen das deinem Gehirn. Spürst du aber nur eine Pinselspitze, so meldet das auch nur eine Sinneszelle. Die zweite Sinneszelle ist also etwas weiter entfernt. Versuche es doch noch an anderen Körperstellen (z. B. Stirn, Wange, Fingerspitze, ...).

Weißt du schon ...

... was alles in so einem kleinen Stück Haut steckt?
Finde es mit Hilfe des Kreuzworträtsels heraus.

1 cm^2

Setze diese Wörter ein: *Wärmesinneszellen, Schmerzpunkte, Schweißdrüsen, Tastkörperchen, Haare, Nervenfasern, Kältesinneszellen, Adern*

Zusammengerechnet sind auf einem Quadratzentimeter Haut ...

... 100	T A S **T** K Ö R P E R C H E N
... 5	H **A** A R E
... 4 m	N E R V E N F A **S** E R N
... 12	K Ä L **T** E S I N N E S Z E L L E N
... 200	**S** C H M E R Z P U N K T E
... 100	S C H W E **I** ß D R Ü S E N
... 1 m	A D E R **N**
... 2	W Ä R M E S I **N** N E S Z E L L E N

Dank all dieser Sinneszellen kann deine Haut die Reize, die sie wahrnimmt, ans Gehirn weiterleiten und du spürst sie. Dies nennt man den T A S T S I N N.

Station 3
Fühl-Domino

Das brauchst du:

- Domino-Karten
- Tuch

Das ist deine Aufgabe:

1. Lies zuerst die ganze Auftragskarte aufmerksam durch.
2. Lege dir jetzt alle Domino-Karten bereit.
3. Falls du nicht weißt, wie man Domino spielt, erkundige dich bei deinem Lehrer.
4. Verbinde dir anschließend mit dem Tuch deine Augen.
5. Suche nun die Karte mit dem Kreuz heraus.
6. Spiele jetzt das Domino weiter, indem du erfühlst, welche Felder zusammengehören. Lege immer zwei gleiche Karten aneinander.
7. Das Spiel endet wieder mit einer Kreuz-Karte.
8. Nimm am Ende deinen Sichtschutz ab und kontrolliere, ob du alles richtig gemacht hast.

Lerch/Müller/Sußmann/Stadler: Lernwerkstatt Auge, Ohr & Co.
© Persen Verlag, Buxtehude

X			
			X

Station 4
Wie kann ich meine Haut pflegen und schützen?

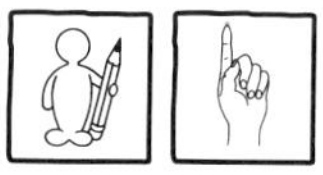

Das brauchst du:

- Wortkarten und Bildkarten
- Arbeitsblatt
- Infokarte

Das ist deine Aufgabe:

1. Ordne die Wortkarten den richtigen Bildkarten zu.
2. Kontrolliere auf der Rückseite, ob du richtig zugeordnet hast.
3. Trage die Regeln nun mit eigenen Worten auf dem Arbeitsblatt ein.
4. Lies auf der Infokarte noch genauer nach.

Tastsinn Station 4 Aufkleber für Briefumschläge oder Plastikschachteln

Station 4
Wie kann ich meine Haut pflegen und schützen?

Wortkarten &
Bildkarten

Wie kann ich meine Haut pflegen und schützen?

Jetzt weißt du, wie du deine Haut pflegen und schützen kannst. Schreibe die passende Regel neben jedes Bild.

Eine gesunde Ernährung ist gut für die Haut.
Obst, Gemüse, Vollkornbrot und Müsli enthalten viele Vitamine und Mineralstoffe, die die Haut braucht.

Wasche dich täglich.
Deine Haut bekommt den ganzen Tag viel Schmutz ab. Deshalb solltest du einmal am Tag duschen. Übertreibe es aber nicht, sonst zerstörst du den Säureschutzmantel der Haut.

Schütze dich vor der Sonne.
Leichte Kleidung schützt dich vor Sonnenbrand. Ein Hut und eine Sonnenbrille schützen auch dein Gesicht und deine Augen vor UV-Strahlung.

Bewegung ist gut für die Haut.
Wenn du dich an der frischen Luft bewegst und dabei ins Schwitzen kommst, öffnen sich die Poren der Haut. Jetzt wird deine Haut besser durchblutet.

Schütze dich vor der Sonne.
Vermeide einen Sonnenbrand oder sogar Spätfolgen, indem du dich immer mit einem hohen Lichtschutzfaktor eincremst.

Schütze dich vor der Sonne.
Auch wenn du dich eingecremt hast, reicht dieser Schutz nur eine gewisse Zeit. Gehe gerade in der Mittagszeit zwischen 11 Uhr und 15 Uhr, wenn die Sonne am stärksten ist, in den Schatten.

Wie kann ich meine Haut pflegen und schützen?

Warum bekommst du einen Sonnenbrand?

Unter der Oberhaut liegen viele kleine Pigmentkörner, die Melanin genannt werden. Diese Pigmente schützen dich vor den Sonnenstrahlen, die der Haut schaden können. Diese sogenannten ultravioletten Strahlen schwächen deinen Körper. Wenn dein Körper nun vielen ultravioletten Strahlen ausgesetzt ist, bildet er Melanin. So schützt sich die Haut selbst vor diesen Strahlen.

Deine Haut färbt sich zum Schutz nun braun, da dein Körper immer mehr Melanin bildet. Menschen, die nur wenig Melanin bilden können, bekommen schneller einen Sonnenbrand.

Aber Vorsicht. Dein Körper schützt sich zwar durch das Melanin, aber die Sonne zerstört trotzdem deine oberste Hautschicht. Diese äußere Hautschicht schält sich ab, sobald eine neue Hautschicht darunter sie ersetzen kann.
Häufig reicht aber dieser Schutz der Haut nicht aus. Es ist unheimlich wichtig, nachzuhelfen, indem du dich eincremst, in den Schatten gehst oder dir ein T-Shirt und eine Mütze anziehst. Wenn du dich nicht vor der UV-Strahlung schützt, riskierst du viel: Sonnenbrand, das schnellere Altern der Haut oder sogar Hautkrebs können die Folgen sein.

Station 5
Redensarten zum Thema „Haut“

Das brauchst du:

- Wortkarten mit Redensarten
- weißes Papier
- Bleistift und Holzstifte

Das ist deine Aufgabe:

1. Wähle dir eine Wortkarte mit einer Redensart aus.
2. Lies dir die Redensart aufmerksam durch.
3. Male eine Skizze zu dieser Redensart und schreibe die Redensart dazu.
4. Bearbeite zwei weitere Wortkarten ebenso.

Haut Station 5 Wortkarten

nicht in der Haut von jemandem stecken wollen	die nackte Haut retten
etwas geht unter die Haut	sich auf die faule Haut legen
aus der Haut fahren	nicht aus seiner Haut können
sich seiner Haut wehren	Das geht auf keine Kuhhaut.
mit Haut und Haaren	eine Gänsehaut bekommen
eine Elefantenhaut haben	